中华成语小课堂系列 彩绘版

课堂上的成语故事

余智琪　黄林琼　柳如眉◎主编
汤梦谣　崔占成◎绘图

四川辞书出版社

图书在版编目(CIP)数据

课堂上的成语故事 / 余智琪,黄林琼,柳如眉主编；汤梦谣,崔占成绘图. — 2版. — 成都：四川辞书出版社,2024.6

(中华成语小课堂系列：彩绘版)
ISBN 978-7-5579-1560-5

Ⅰ.①课… Ⅱ.①余… ②黄… ③柳… ④汤… ⑤崔… Ⅲ.①小学语文课—教学参考资料 Ⅳ.①G624.203

中国国家版本馆 CIP 数据核字(2024)第 097213 号

课堂上的成语故事
KETANG SHANG DE CHENGYU GUSHI

余智琪 黄林琼 柳如眉 主编 汤梦谣 崔占成 绘图

策 划 人	雷 敏
责任编辑	雷 敏 赵积将
封面设计	成都编悦文化传播有限公司
责任印制	肖 鹏
出版发行	四川辞书出版社
地 址	成都市锦江区三色路 238 号
邮 编	610023
印 刷	四川森林印务有限责任公司
开 本	787 mm×1092 mm 1/16
版 次	2024 年 6 月第 2 版
印 次	2024 年 6 月第 1 次印刷
印 张	9.25
书 号	ISBN 978-7-5579-1560-5
定 价	36.00 元

·版权所有,翻印必究
·本书如有印装质量问题,请寄回出版社调换
·制作部电话：(028)86361826

前　言

　　成语是中华民族语言宝库中一颗璀璨的明珠。成语是历史的积淀，具有形象生动、简洁精辟等特点。如果我们在语言表达、行文写作中恰当地使用成语，就会达到事半功倍的效果。但是成语纷繁丰富，数量极多，对刚接触成语学习的小学生来说，要想掌握一定数量的成语，困难不少。为了增强小学生学习成语的兴趣，我们特地编写了这本《课堂上的成语故事》。许多成语都有一段典故，它们以生动形象的故事向后人讲述一个个质朴的道理。

　　本书以最新小学语文教材中的成语为主线，选取了40个成语故事，每一个成语下设置"成语小课堂""成语故事""插图""好词好句""成语游戏"栏目，每个年级设置"练一练"栏目，并借助这些栏目引出小学语文课堂上常用的1000余个成语。通过阅读这些成语故事，可以了解成语的形成背景，还能知晓历史、通达事理、学习知识，同时积累优美的写作素材。

各栏目主要内容如下：

1. 成语树状图：每个年级以成语的构词特点和释义为原则，分别对当前年级所学成语进行分类，并用树状图表示，放于篇章页，引导小学生学会对成语进行归纳总结。

2. 成语小课堂：包括成语的释义、例句、近义词和反义词，便于理解成语的内涵和运用。

3. 成语故事：按照成语在课本中出现的年级顺序收录40个经典成语故事。

4. 注音：为了便于小学生无障碍阅读，本书对40个成语和成语故事全文进行注音。

5. 插图：根据每个成语或成语故事的大意配以精美插图。

6. 好词好句：在每篇成语故事中，采用标红色、加底色的形式列出好词好句，帮助小学生积累写作素材。

7. 成语游戏：每个成语配以不同的成语游戏，如成语接龙、看图猜成语、改正成语中的错别字、成语俗语连线等，内容活泼有趣。

8. 练一练：每个年级均根据当前年级学习的主要成语配以不同练习题，帮助小学生巩固所学知识。

9. 参考答案：正文中各个题目均有相应参考答案，统一放在书后。

10. 附录：收录最新小学语文教材中的成语，扫描书中二维码即可查找和学习每个成语的释义和例句，既方便又实用。

相信本书能为小学生学习和运用成语提供有益的帮助，对书中存在的不当之处，敬请广大读者朋友指正。

编者

目 录

2　百尺竿头，更进一步
5　不耻下问
8　练一练

一年级

10　刻舟求剑　　　20　牛郎织女
13　三过其门而不入　23　亡羊补牢
15　惊弓之鸟　　　26　揠苗助长
18　害群之马　　　30　练一练

二年级

32　守株待兔　　　50　画蛇添足
35　南辕北辙　　　53　杞人忧天
38　邯郸学步　　　56　井底之蛙
41　滥竽充数　　　60　杯弓蛇影
44　掩耳盗铃　　　63　叶公好龙
47　自相矛盾　　　66　练一练

三年级

1

68	精卫填海	86	三顾茅庐
71	钻木取火	89	囊萤映雪
74	尽忠报国	92	铁杵成针
77	铁面无私	95	程门立雪
80	刚正不阿	98	练一练
83	凿壁借光		

四年级

100	完璧归赵	112	不拘一格
103	负荆请罪	114	囫囵吞枣
106	熟能生巧	117	各有所长
109	八仙过海，各显神通	120	练一练

五年级

122　粉身碎骨
124　鞠躬尽瘁
127　画龙点睛
130　练一练

六年级

131　参考答案
137　附录：课本里的成语汇总

一年级

百尺竿头，更进一步

成语小课堂

【释义】 百尺竿：古代表演杂技用的长竿。比喻功名、学问或事业等达到了很高程度，但须继续努力。

【例句】 在取得好的成绩后，我们要戒骄戒躁，百尺竿头，更进一步。

【近义词】 再接再厉　更上一层楼

【反义词】 每况愈下

唐朝时，长沙有位高僧名叫景岑，号招贤大师。他机智敏捷，佛学造诣很深，许多僧人称他为"虎和尚"。

景岑经常到各地讲学。有一次，他应邀到一座佛寺讲经，来听讲的人很多。景岑妙言警句迭出，深奥的佛经被他讲得深入浅出，人们听得如痴如醉。

景岑讲完后，一个和尚向他请教如何才能

百尺竿头，更进一步

到达十方世界。景岑当场出示了一份偈帖，内容是：

百丈竿头不动人，虽然得入未为真。
百尺竿头须进步，十方世界是全身。

意思是说，道行修养到了很高程度便停止不前的人，虽然也算登堂入室了，但还未达到"真"的境界。即使道行修养达到了很高的境界，仍须继续修炼，不断进步，这样才能到达十方世界。

在场的人听了

jǐng cén de jiě dá hòu　 dōu zàn xǔ de diǎn tóu
景岑的解答后，都赞许地点头。
　　hòu lái　　 bǎi chǐ gān tóu xū jìn bù　 shí fāng shì jiè shì quán shēn
　　后来，"百尺竿头须进步，十方世界是全身"
yǎn biàn chéng le lì zhì míng jù
演变成了励志名句。

"百"是一个计数单位，请补全以下含有"百"字的成语。

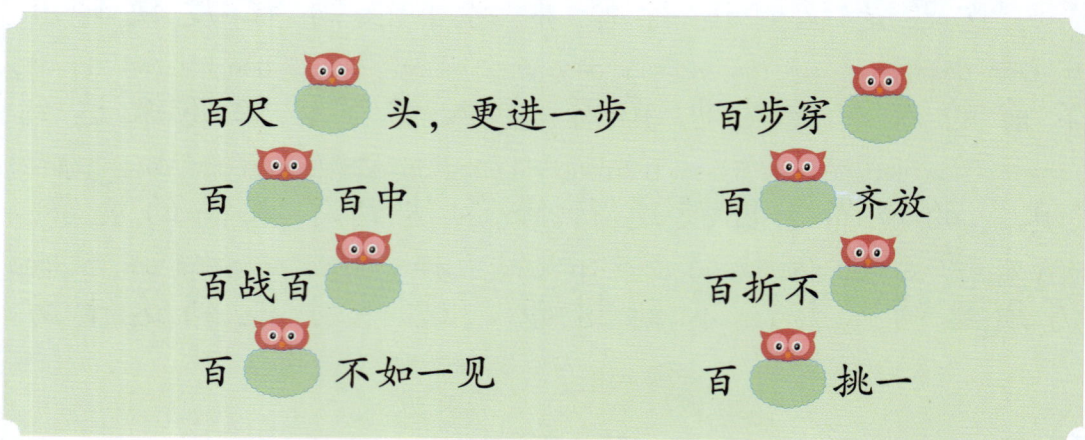

不耻下问

成语小课堂

【释义】耻：以……为耻。不以向地位比自己低、学识比自己少的人请教为耻。

【例句】学习中我们切不可强不知以为知，要不耻下问，善于倾听他人的意见。

【近义词】虚心求教

【反义词】好为人师

孔子是春秋时期伟大的思想家、教育家，他还是儒家学说的创始人，被尊奉为最有学问的"圣人"。孔子认为，人不是生来就有学问，学问是后天学习得来的。

有一次，孔子去参加鲁国国君祭祀的典礼，一进太庙就向别人问这问那。有人嘲笑孔子不懂礼仪，孔子并不生气，他微笑着说道："不明白、不懂的事情就要问清楚，这才是知礼的

表现。"

卫国大夫孔圉为人正直，谦虚好学。孔圉死后，为了让后人学习和发扬他谦虚好学的精神，卫国国君赐给他一个"文公"的称号，后人尊称他为"孔文子"。

子贡也是卫国人，他有些不服气，认为孔圉配不上这么高的评价。子贡问孔子："老师，孔文子为什么被称为'文'呢？比他优秀的人有很多啊！"

孔子回答："孔圉聪慧勤学，

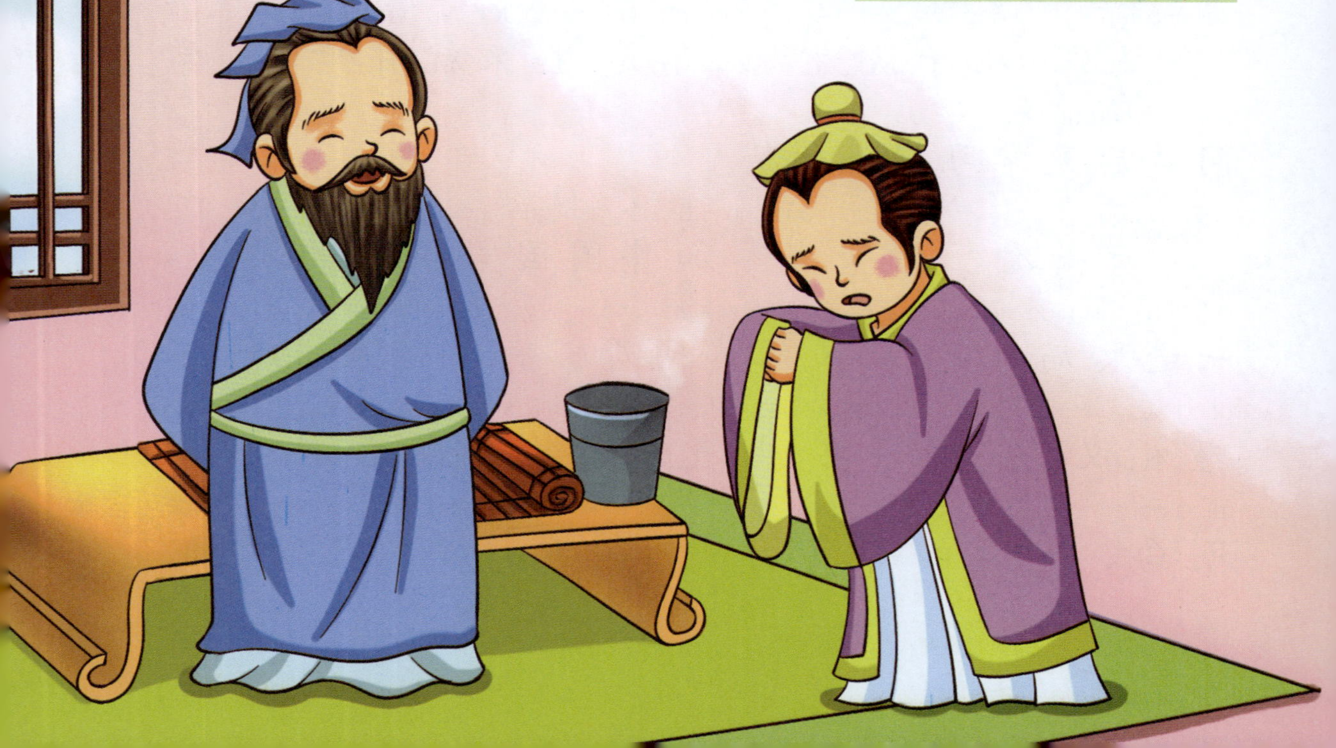

不耻下问

从不以向地位比自己低的人求教而感到羞耻，这就是他可取的地方。他完全配得上这个称号。"

子贡听后羞愧地低下了头。

《论语》是儒家学派的经典著作之一，以下成语都出自《论语》，请你找出这些成语中的错别字并改正。

不齿下问　　温故知兴　　举一反山

花而不实　　发奋忘食　　察颜观色

一、看拼音，写成语。

shān qīng shuǐ xiù

rì jī yuè lěi

wàn zhòng yī xīn

hé fēng xì yǔ

niǎo yǔ huā xiāng

qī shàng bā xià

二、看图猜成语。

1. _____

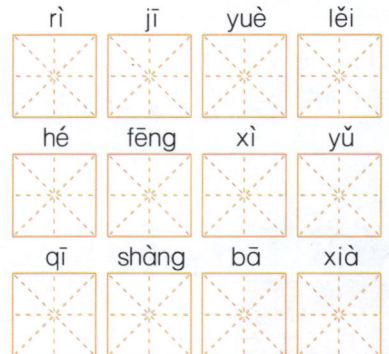
2. _____

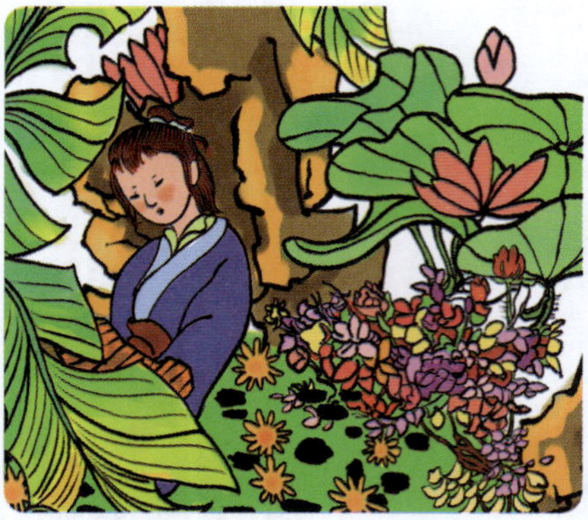

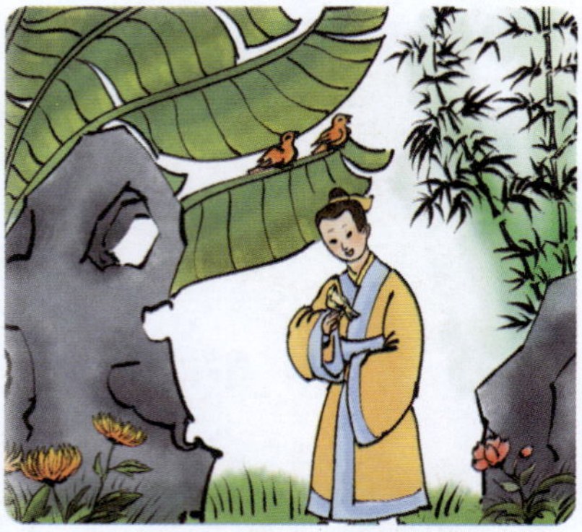

三、玩一玩成语接龙，看看小兔子能否采到蘑菇。

一 清 二 ☐ 手 起 ☐ 破 人 ☐

☐ 晏 河 ☐ 风 明 ☐ 黑 风 羊

火 ☐ ☐ 水 流 山 ☐ 补

山 ☐ 藏 里 ☐ 为 涕 ☐ 可 不 ☐

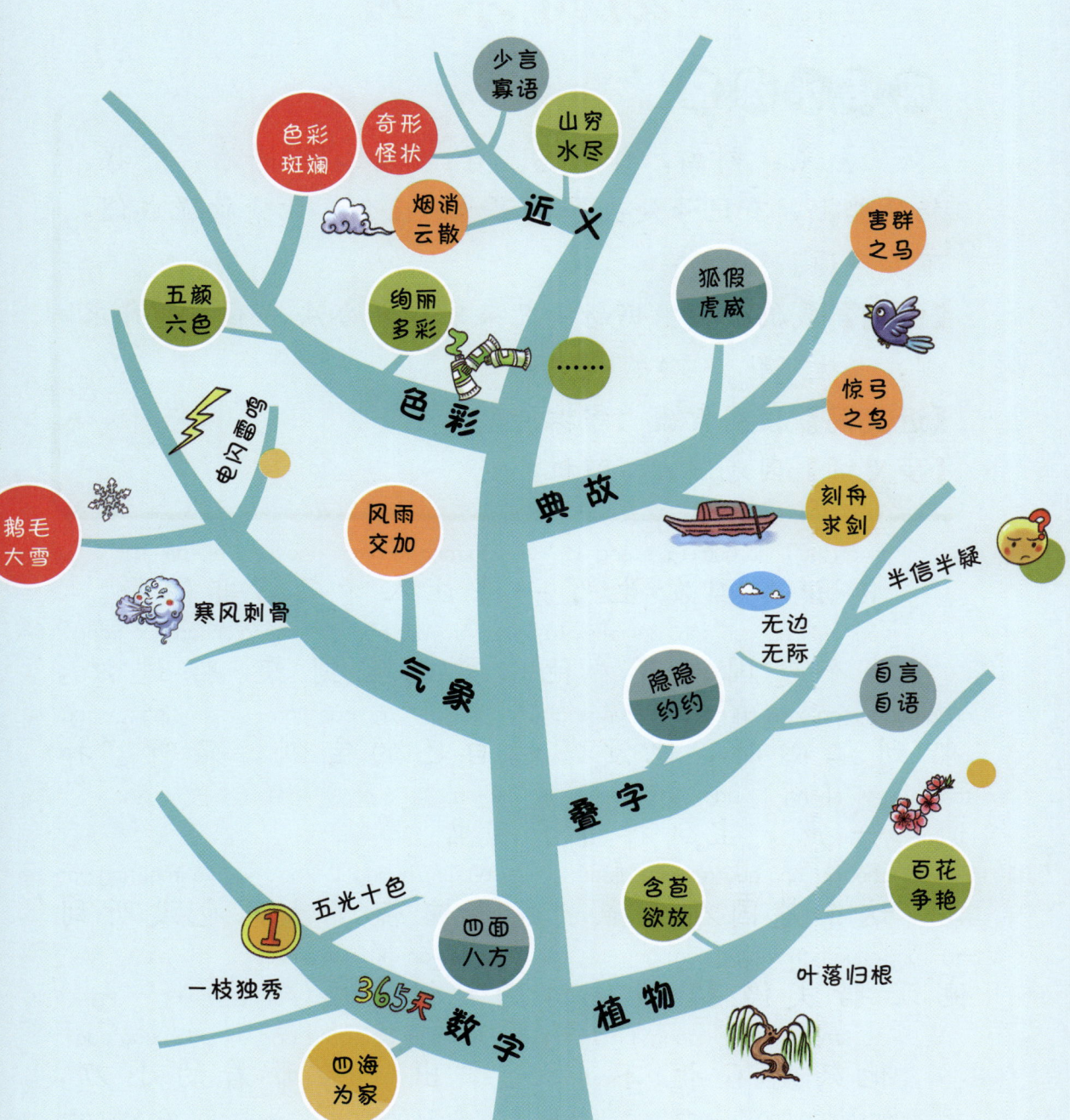

刻舟求剑

成语小课堂

【释义】 刻：刻画，作标志。舟：船。求：寻求，寻找。指从船上刻有记号处去寻找落水的宝剑。比喻拘泥成例，不知变通。

【例句】 我们必须根据新情况来采取新办法，不能刻舟求剑，泥古不化。

【近义词】 按图索骥　守株待兔

【反义词】 因地制宜　随机应变

传说楚国发生了一件让人啼笑皆非的事。有个楚国人带着他心爱的宝剑乘船过江，船到江心时，他没拿稳自己的宝剑，只听"扑通"一声，宝剑掉进了河里。这个楚国人一点儿也不惊慌，大家也没听到他让船夫停船帮他打捞宝剑的喊声。他只是不慌不忙地拿出随身带着的小刀，在船上用力地划了几下。船上的其他人都感

刻舟求剑

到很奇怪。

楚国人拖长了语调说道："不用担心，这个记号标注的地方就是我的宝剑掉落的地方，一会儿到了江边，按我做的记号找，宝剑肯定会失而复得的。"于是，他得意洋洋地坐回之前起身的位子，一个人哼起了小曲儿。

不一会儿，船抵达了江边。楚国人慢悠悠地走下船，卷起衣袖捞他的宝剑。五分钟过去了，十分钟过去了，半小时过去了，宝剑的影子都没见到。一无所获的楚国人变得烦躁起来，嘴里一直不停地重复着："不可能啊，刚才明

明是从这里掉下去的啊？莫不是长翅膀飞了？"

在一旁歇息的船夫终于忍不住开口了："你怎么可能在这儿找到你的宝剑啊？"这时，站在一旁的小孩子跑向楚国人，哈哈大笑道："你真笨！你现在找宝剑，你还认识它，它可早就不认识你啦！"说完，孩子笑着跑开了。

楚国人的脸一下红了起来，他付了坐船的钱，尴尬地小跑着离开了。

小彬星期一上午的课程表没有抄，课程表的科目就隐含在下面的成语里，请你补充成语，帮他填好课程表。

	第一节	第二节	第三节	第四节
星期一	1.	2.	3.	4.

1. 不堪一〇 + 刻舟求〇 = 〇〇
2. 甜言蜜〇 + 〇质彬彬 = 〇〇
3. 感天动〇 + 〇直气壮 = 〇〇
4. 不计其〇 + 〇无止境 = 〇〇

三过其门而不入

成语小课堂

【释义】相传大禹治水时，三次路过家门口都不进门。后比喻忠于职守，公而忘私。

【例句】大禹治水时尽心尽职，三过其门而不入。

远古时期，中原地区水患频发，百姓深受其害。鲧奉舜帝之命治水，他采用筑堤堵水的办法，用时九年没有平息水患，被舜帝处死了。禹接替父亲鲧继续治水。他率领中原的百姓，吸取父亲治水失败的教训，变堵截为疏导，利用水往低处流的趋势，开渠排水，疏通河道，把洪水引到大海中去。治水期间，他一直奋战在治水最前沿。他翻山越岭，测量地形，规划水道，不敢有一丝懈怠。

为了治水大业，禹在新婚后不久就离开了妻子女娇。第一次经过家门时，儿子启才出生，他没进

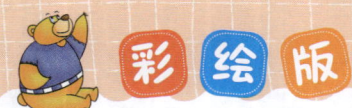

jiā mén dì èr cì jīng guò jiā mén shí qǐ zài qī zi huái li xiàng tā zhāo
家门。第二次经过家门时，启在妻子怀里向他招
shǒu tā huī le huī shǒu jiù zǒu le dì sān cì jīng guò jiā mén shí yǐ jīng
手，他挥了挥手就走了。第三次经过家门时，已经
zhǎng dà de qǐ lā tā huí jiā tā shuō shuǐ huàn wèi píng méi shí jiān huí jiā
长大的启拉他回家，他说水患未平，没时间回家。

jīng guò nián de zhì lǐ shuǐ huàn xiāo chú le wèi le gǎn xiè yǔ
经过13年的治理，水患消除了。为了感谢禹，
rén men zūn chēng tā wéi dà yǔ hòu lái tā jiē shòu shùn de shàn ràng
人们尊称他为“大禹”。后来，他接受舜的禅让，
chéng wéi xià cháo dì yī wèi tiān zǐ suǒ yǐ tā yě bèi chēng wéi xià yǔ
成为夏朝第一位天子，所以他也被称为“夏禹”。

在下面的成语中填入数字，让它们从小到大连接起来吧！

（　）七八碎→（　）日千里→（　）话不说→（　）过其门而不入→（　）面八方→（　）花八门→（　）神无主→（　）上八下→（　）仙过海，各显神通→（　）牛二虎之力→（　）全十美

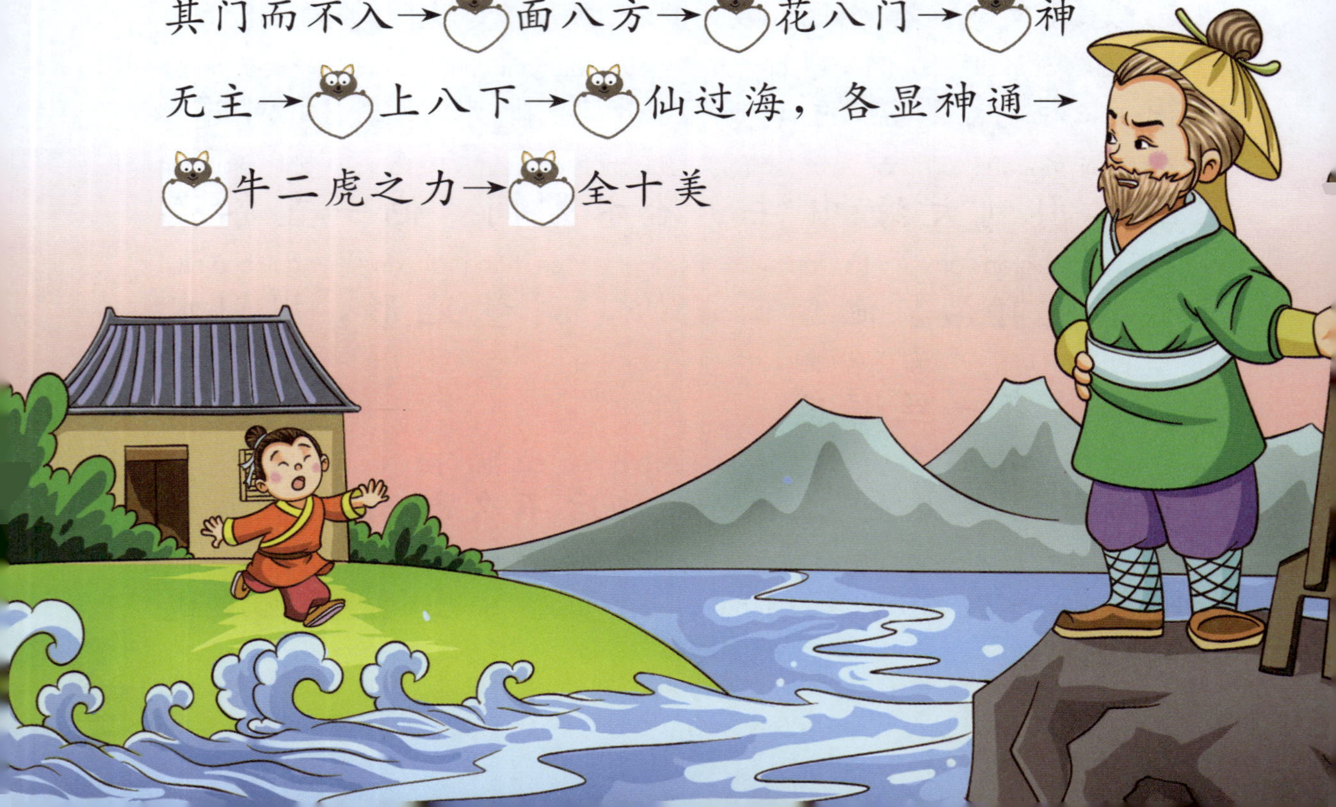

惊弓之鸟

成语小课堂

【释义】受过箭伤听到弓弦声就惊慌的鸟。比喻受过惊吓而心有余悸、一有动静就惶恐不安的人。

【例句】生活中诸多打击已使她成为惊弓之鸟,最怕没有心理准备的意外。

战国时期,魏国有一个叫更羸的射箭能手。有一天,更羸被叫来给魏王助兴。他看到倚靠在高台边的魏王兴致不高,便率先开口道:"大王,请你仰头看看天空。"

魏王很疑惑,不知更羸葫芦里卖的什么药。

"蓝天白云,有一只大雁在天空中飞。"魏王说。

"是的,大王。我恳请为您表演一下,拿着弓箭做出拉弓的姿势,不射出箭,这只大雁就会落下来。"

魏王转过头，将信将疑地说道："我不信。"

说话间，更羸抬起头，迅速举起自己随身带着的弓箭，做出射箭的姿势。谁曾想，大雁真的就从空中掉落下来了。

一旁的魏王拍起手来，不断地夸赞更羸："不愧是魏国的神箭手啊！"

更羸不好意思地回应道："大王过奖了！其实是因为那只大雁之前受过伤。"

魏王问道："那只大雁离我们那么远，你是怎么知道的呢？"

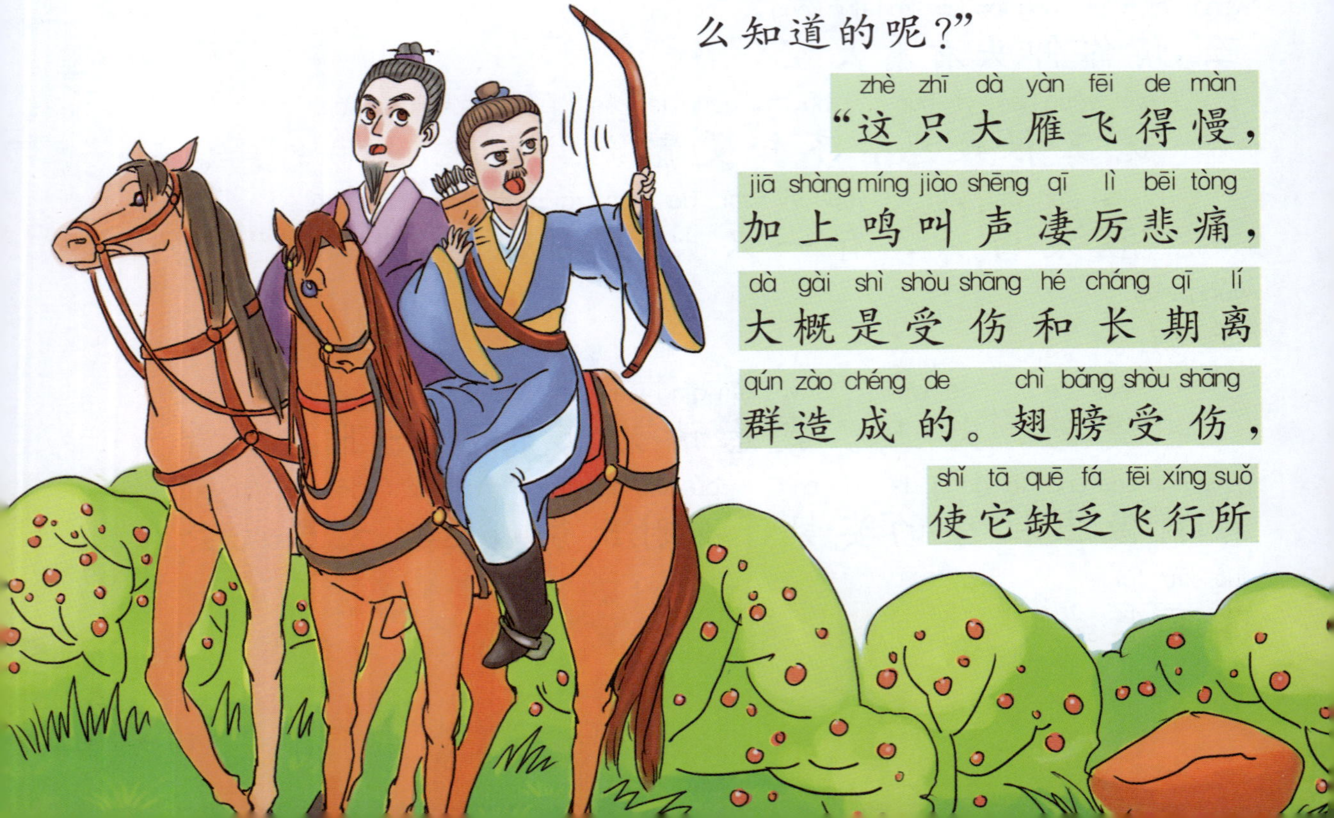

"这只大雁飞得慢，加上鸣叫声凄厉悲痛，大概是受伤和长期离群造成的。翅膀受伤，使它缺乏飞行所

需要的力量；长期离群，弓弦发出的声音使它感到恐惧；它想向上飞，但受伤的翅膀控制不好力量和方向，就从空中落下来了。"更赢恭敬地向魏王解释其中的玄机。

魏王听完之后，露出了开心的微笑。

以下俗语和成语哪一对是好朋友？请你试着连一连。

一朝被蛇咬，十年怕井绳　　　惊弓之鸟

条条大路通罗马　　　镜花水月

竹篮打水一场空　　　弱肉强食

一山不容二虎　　　强人所难

赶鸭子上架　　　四通八达

大鱼吃小鱼，小鱼吃虾米　　　两虎相斗

17

害群之马

成语小课堂

【释义】 危害马群的马。比喻危害集体的人。

【例句】 每一个热爱集体的人都不能容忍那种害群之马。

【近义词】 城狐社鼠　不逞之徒

【反义词】 干城之将

黄帝，号轩辕氏，是远古时期的部落联盟首领、华夏民族的始祖，为五帝之首，被尊为中华民族"人文始祖"。

传说有一座具茨山，山里住着一个名叫大隗的神仙，他能帮助人们解答疑难问题。黄帝想去找大隗帮他解决一下治理天下的问题。当黄帝一行人来到襄城原野时，他们迷了路。这时，黄帝看到山下有一个牧童一边吹着口

害群之马

哨，一边拿着鞭子在放马。

黄帝走到牧童身旁问道："你知道具茨山怎么走吗？你知道大隗住在哪里吗？"牧童拿起鞭子指指进山的方向，回答道："当然知道。"

黄帝见这个牧童聪明伶俐，就又问："你懂得怎样治理天下吗？"牧童一脸自信地说："这有何难，治理天下和我放马有何不同呢？不过就是把危害马群的坏马驱赶出去罢了。"

黄帝对牧童的回答十分满意，连连称赞，称他为"天师"，再三拜谢才离开。

"害群之马"中的"之"意思是"的"，这样的成语还有很多，请你试着填一填。

害群之〇	非分之〇	井底之〇
无价之〇	惊弓之〇	燃眉之〇
一技之〇	不速之〇	肺腑之〇

19

牛郎织女

成语小课堂

【释义】 牛郎、织女：神话人物，从牵牛星（俗称牛郎星）和织女星两个星宿衍化而来。相传天帝孙女（织女）私嫁给牛郎后，织锦中断。天帝大怒，责令两人分离，每年农历七月七日夜才能在天河上相会一次。比喻长期分居两地的夫妻。

【例句】 民间至今还流传着牛郎织女一年一度天河相会的神话。

相传织女是玉帝的小女儿，长得十分美丽动人。有一天，织女与姐妹们相约来到凡间的清泉边沐浴游玩，被一个正在放牛的牛郎看见了。

牛郎一下就被织女迷住了，心中顿生爱意，于是悄悄把织女的衣服藏了起来。织女找不到衣服，不能飞回天庭，只好留在了凡间。两人**情投意合，日久生情**。后来，两人成了亲还有了两个孩子，一家人的生活越来越幸福。

可玉帝不答应啊，自己的女儿怎么能嫁给一个放牛郎呢？于是玉帝派**天兵天将**下凡，要把织女抓回天庭去。眼看他们就要带着织女飞走了，牛郎带着两个孩子跟着他们边喊边追。

这时，站在天上的王母娘娘赶忙取下头上的金钗，扔在牛郎和织女中间。金钗一下变成了一道银河。牛郎和织女只能隔岸相望，日夜哭泣。

毕竟是自己的亲骨肉啊！玉帝心疼织女，便准许他们在每年农历的七月七日相见。所以，每年的农历七月七日,天上的喜鹊就会搭起一座桥,让牛郎和织女在鹊桥上相会,共叙相思之情。

十二生肖成语接龙。

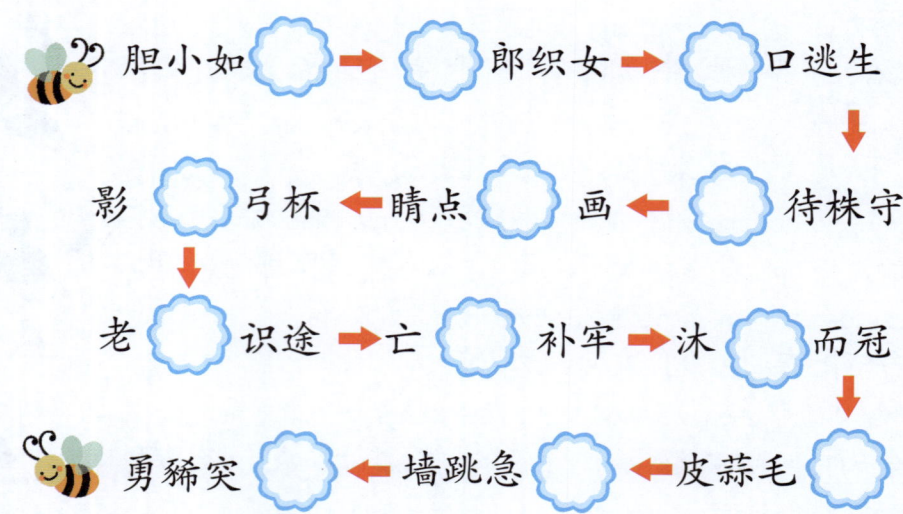

亡羊补牢

成语小课堂

【释义】亡：丢失。牢：关牲畜的圈。丢失了羊赶紧修补羊圈。比喻在出了差错或受到损失之后及时补救。

【例句】亡羊补牢，努力学习，你考上大学应该没问题。

【近义词】见兔顾犬

【反义词】未雨绸缪　防患未然

古时候，有一个牧民靠养羊谋生，他对自己的羊呵护有加。有一天，牧民一早就起床了，心情愉悦地准备外出放羊。"一、二、三、四、五……"牧民开始不安起来。他嘴里喃喃自语道："不对啊，小羊怎么少了一只？"边说边小跑着向羊圈跑去，但还是没找到那只"消失"的羊。牧民愤愤地说："算我倒霉，还是先去放羊，回头再说吧。"他抱怨的声音传到了邻居的耳朵里，邻居刚要出来问问是怎么回事，牧民已经带着他的羊出去了。

第二天一早,牧民发现小羊又少了一只。

"一、二、三……怪事!怎么又少了一只?到底是怎么回事?"邻居从院子里跑出来了解情况。"看,你家的羊圈有一个大窟窿!"邻居惊讶地说。"莫不是狼进来偷吃了小羊?我看你还是抓紧时间修补羊圈吧。"邻居说。

好面子的牧民不愿意承认自己的大意,不耐烦地说:"羊都丢了两只了,羊圈修好了有什么用,难道狼还会再来吗?"说完,他出门去了。

晚上回到家,牧民在羊圈旁蹲守着,直到半夜。突然,他听到一声响动,抬头一看,原

亡羊补牢

来真是狼来了。牧民举起大木棍向狼砸过去,狼一溜烟跑了。牧民连夜用柴棍和木桩将羊圈的大窟窿修补好了,这才放心地进屋睡觉去了。

自从羊圈修好之后,牧民家的羊再也没有丢过。

让小蜜蜂顺着正确的成语走,它就能走出下面这座成语迷宫哦。

25

揠苗助长

成语小课堂

【释义】 揠：拔。把禾苗拔起一点，以帮助它生长。比喻违反事物的发展规律，强求速成，反而把事情弄糟了。

【例句】 做事要遵循事物发展的客观规律，切不可揠苗助长，弄巧成拙。

【近义词】 急功近利　欲速不达　南辕北辙

【反义词】 瓜熟蒂落　水到渠成

春秋时期，宋国有个农夫，他对栽种下的禾苗非常关注，每天都会去田里看看他的禾苗长得怎么样。

有一天，农夫又去田边守着他的禾苗。他耷拉着脑袋**闷闷不乐**，想着自家田里的禾苗为何没有动静，一点儿也看不出来它们生长的痕迹呢。农夫就这样一直呆呆地望了禾苗一整天。他额头上的汗，湿了又干，干了又湿。**不知不觉**，暮色降临，农夫**若有所思**地走在回家的

lù shang
路上。

dì èr tiān zǎo shang jī cái jiào le sān biàn nóng fū jiù qǐ chuáng
第二天早上，鸡才叫了三遍，农夫就起床

le qǐ chuáng hòu tā mǎ shàng cháo zì jiā nóng tián zǒu qù zhè shì tā
了。起床后，他马上朝自家农田走去。这是他

lái de zuì zǎo de yí cì yuán lái tā zuó tiān yǐ jīng xiǎng hǎo le jì
来得最早的一次。原来，他昨天已经想好了，既

rán hé miáo bù zhǎng gāo tā jiù yào xiǎng bàn fǎ lái bāng zhù hé miáo
然禾苗不长高，他就要想办法来帮助禾苗

zhǎng gāo
长高。

shuō gàn jiù gàn nóng fū juǎn qǐ kù jiǎo hé yī xiù xià tián qù
说干就干，农夫卷起裤脚和衣袖，下田去

le tā yì kē yì kē de jiāng hé miáo bá gāo lèi de mǎn tóu dà hàn
了。他一棵一棵地将禾苗拔高，累得满头大汗。

bá wán jǐ háng zhī hòu tā zǒng yào huí tóu kàn kan xīn shǎng yí xià zì
拔完几行之后，他总要回头看看，欣赏一下自

jǐ de jié zuò shí bù shí hái néng zài tián jiān tīng dào tā de
己的“杰作”，时不时还能在田间听到他的

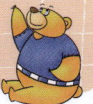

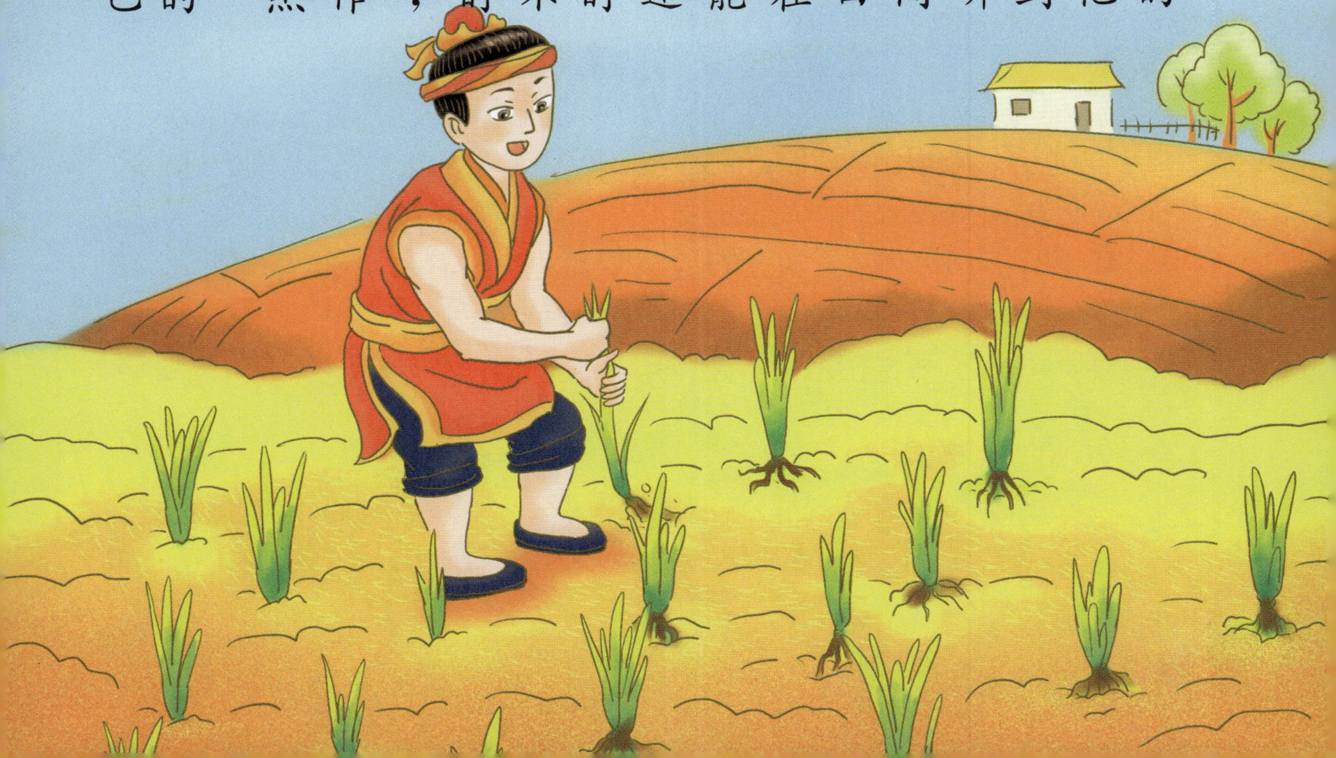

笑声。

天刚暗下来，整块田里的禾苗就都"长高"了。顾不上洗脚上沾的泥水，他站在田埂上，自言自语道："我的小苗们终于长高啦，真好啊！"

终于，心满意足的农夫回家了。他顾不上坐下休息一会儿，就拉着儿子兴致勃勃地说："今天真把我累坏啦！可力气总算没有白费，咱家的禾苗都长高啦！"

儿子很纳闷儿，不知父亲说的话到底是什么意思。再问，父亲只是笑得很开心。

过了几天，儿子到自家田里转悠，他远远就看到禾苗黄黄的。儿子的心凉了半截，跑上前去仔细一看，不禁长叹："啊？禾苗怎么会全部枯死了？"

他缓了半天才想起，父亲前几天说禾苗都

拔苗助长

长高了一大截,原来禾苗是被他一棵棵地拔高了。**恍然大悟**的儿子很无奈,觉得又好气又好笑。过了一会儿,他伤心地回家去了。

请将下列成语中主人翁的身份选出来,并在相应的括号里打"√"。

拔苗助长	守株待兔
农夫（ ） 科学家（ ）	猎人（ ） 农夫（ ）

掩耳盗铃	对牛弹琴
小偷（ ） 铁匠（ ）	琴师（ ） 饲养员（ ）

一、看拼音，写成语。

bīng	tiān	xuě	dì		shān	qióng	shuǐ	jìn
fēng	píng	làng	jìng		xìng	gāo	cǎi	liè
shǎng	xīn	yuè	mù		shān	gāo	lù	yuǎn

二、看图猜成语。

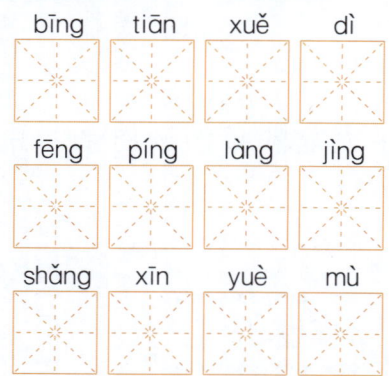

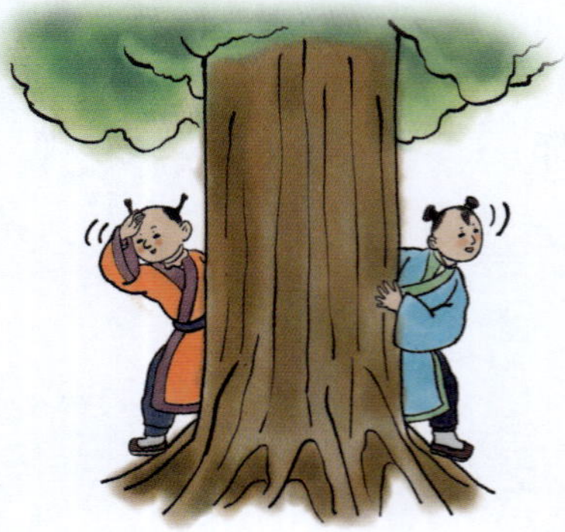

1. 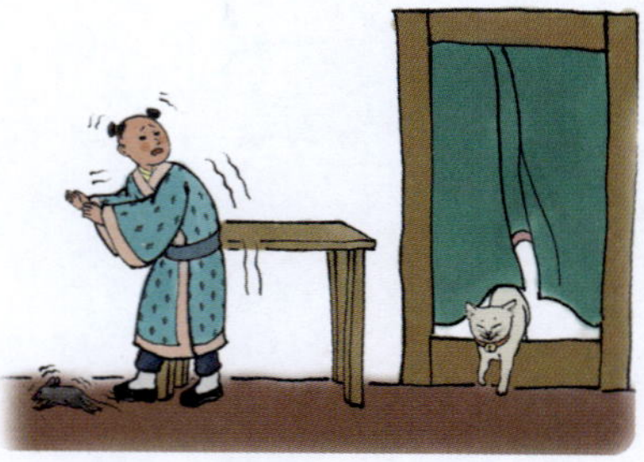 _____   2. _____

三、玩一玩成语接龙，看看小兔子能否采到蘑菇。

三年级

- 走南闯北
- 翻来覆去
- 争先恐后
- 五谷丰登
- 百依百顺
- 一叶知秋
- 百战百胜
- 反义
- 春华秋实
- 春光明媚
- 数字365天
- 百发百中
- 秋高气爽
- 目瞪口呆
- 四季
- 眼疾手快
- 摇头晃脑
- 口干舌燥
- 人体
- 翩翩起舞
- 邯郸学步
- 上上下下
- 挨挨挤挤
- 南辕北辙
- 滥竽充数
- 典故　叠字
- 糊里糊涂
- 守株待兔

守株待兔

成语小课堂

【释义】 株：树桩。守着树桩，等待撞死在树桩上的兔子。比喻死守狭隘的经验，不知变通。也比喻不主动地努力而心存侥幸地坐等意外的收获。

【例句】 要想成功，就不能抱有守株待兔的想法。

【近义词】 刻舟求剑　胶柱鼓瑟

【反义词】 通权达变　随机应变

宋国有个农夫，每天都**早出晚归**去照料他的几亩田地，因为田埂经常漏水，所以他想了个办法，在田埂上栽下一个大木桩。

太阳热辣辣地烘烤着大地，农夫热得抱怨起来："天天这么干活，也没见有什么收获，这日子什么时候才是个头啊？"嘴上虽然这样埋怨着，但也没因此就停下手里的活，还是**勤勤恳恳**地拔着田里的杂草。

这时，一只毛色洁白、体型圆肥的兔子出现

了。它慢悠悠地走着,像是在找食物。饥肠辘辘的农夫一眼就看见了田埂上的兔子,想象着这只兔子红烧出来的样子,不自觉地嗒了嗒嘴巴。农夫向田埂走去,准备逮这只兔子。因为着急逃命,兔子没看到田埂上竖着的大木桩,一头撞到了上面。农夫走过去,发现兔子已经一动不动,死在了木桩旁。农夫得意地说道:"木桩啊木桩,想不到你还有这本事,以后我就靠你吃饭啦。"说完,他拎着断气的兔子回家去了。

之后,农夫就待在自家的地里,再也不干活

了。他每天等在木桩旁边,心里打着如意算盘,等着其他笨兔子撞上去。

日子一天一天过去了,农夫再也没等到别的笨兔子。田里的野草越长越高,把小苗都遮住了。他的事情被传到乡邻们的耳朵里,很快成了大家茶余饭后的笑料。

请你完成成语接龙,看看小蚂蚁能否顺利回家。

守 株 待 □ 死 狐 □ 痛 欲 □
□ 声 下 □ 壮 山 □ 涸 海 顶
水 　　　　 净 净 干 □ 聪
高 □ 青 水 □ 绿 花 □ 黄 日 □

南辕北辙

成语小课堂

【释义】辕：车前驾牲口的两根直木。辙：车轮碾压的痕迹。《战国策·魏策四》记载，有个人要到南方楚国去，却驾着车往北行。比喻行动和目的相反。

【例句】他的方案，与导师的设想南辕北辙，很不一致。

【近义词】背道而驰

战国时期，列国争霸，人人都想当天下霸主。有一次，魏王准备攻打赵国都城邯郸。季梁听说后拜谒魏王说："大王，我在回宫的路上遇见一个人，他正赶着马车一路向北走。他告诉我他要到楚国去。我就问他：'楚国在南方，您为什么往北走呢？'他说：'我有一匹好马，也有充裕的钱财，还有一个本领高强的车夫，所以到楚国没问题。'我说：'可您走的方向不对，纵然有好马，有钱财，有赶车的高手，也到不了楚国啊。'"

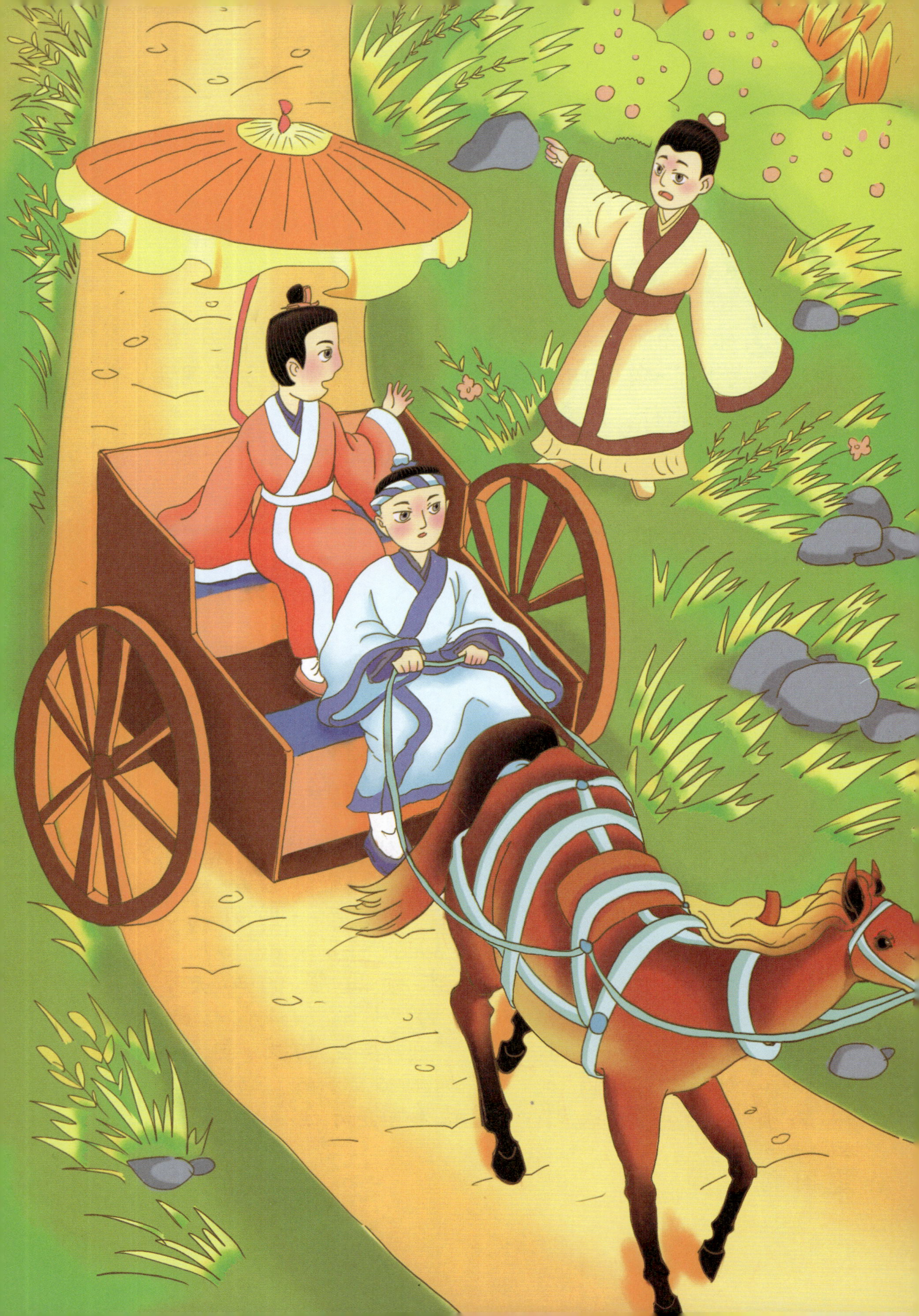

南辕北辙

魏王若有所思地点点头。

季梁又说:"大王的行动是想成为霸王,举止是想取信于天下。可是如果我们只是靠国家的强大、军队的精锐去进攻赵国,扩张土地,您知道吗,这样的军事行动越多,离您称王的心愿就会越远。这样做和那个想去楚国却向北走的人又有什么不同呢?"

最后,季梁说服魏王取消了行动。

成语游戏

下面每组都是包含表示方位的字的成语,请将它们补充完整。

〇辕北辙
〇窗事发
〇窗剪烛
〇面称臣

秀外慧〇
走南闯〇
居高临〇
喜出望〇

邯郸学步

成语小课堂

【释义】 邯郸：战国时赵国都城。步：走路。到邯郸去学别人走路，不但没学会，连自己原先的走法也忘了。比喻生硬地照搬模仿，不但学不到人家的本领，反而连自己本有的长处也丢掉了。

【例句】 不管学什么，都要结合自己的实际情况，不能邯郸学步，生搬硬套。

【近义词】 东施效颦　鹦鹉学舌

【反义词】 标新立异　独辟蹊径

战国时期，燕国的寿陵有个青年自幼喜欢研究其他人走路的姿势。他观察到男女老少的走路姿势都不一样：男人走路雄赳赳气昂昂，他们从身边走过时就像吹过了一阵风；女人走路婀娜多姿，轻盈优雅，就像夏天摇摆的柳条一样；老人走起路来，稳重平缓；至于小孩子走路，则轻快而摇摆。他觉得不同的人走起路来都有不同的韵味，但都不完美。所以他经常模仿他们走

路的姿势，但看起来总是怪怪的，没有自己的特点。

有一天，他又被一行人的走路姿势吸引了，一打听，才知道他们是从邯郸来的。夜里他难以入眠，盘算着去邯郸学当地人走路的事情。第二天，他带上盘缠上路了。他下定决心要学会邯郸人走路，所以在当地的旅店住下了，每天都躺在床上琢磨走路的要领。住店一月有余，他想检验一下自己到底学得怎么样了，所以准备起床出门。

啼笑皆非的一幕出现了，他竟然从床上滚了下来，嘴里还念叨着："怪了，难道不是先迈右腿吗？"店小二听到声音先是一惊，随后哈哈大笑起来。一打听，才知道这个人是特地来学邯郸当地人走路的，什么都没学会反而把自己之前的走路方式忘得一干二净了。

这个青年最终用光了自己的盘缠，只得从邯郸爬回了寿陵！

成语游戏

将下面的成语补充完整，你会发现每一行填的字最后合在一起都组成了一个描写动作的词语。

邯郸学〇 + 〇云流水 = 〇〇

喋喋不〇 + 〇息相关 = 〇〇

天真烂〇 + 〇步为营 = 〇〇

峰回路〇 + 〇然自得 = 〇〇

鸡飞狗〇 + 〇文弄墨 = 〇〇

滥竽充数

成语小课堂

【释义】滥：多而杂的。竽：古代一种簧管乐器。充数：凑数。比喻没有真才实学却混入行家队伍里充数或以次充好。

【例句】我们要严把产品质量关，不能让不合格产品滥竽充数。

【近义词】鱼目混珠

【反义词】宁缺毋滥

相传战国时期的齐宣王特别喜欢听音乐，经常让三百位乐师一齐在宫殿里演奏。

南郭先生打听到齐宣王这个爱好后，连忙求见说："大王，我特别擅长吹竽，只要我拿起竽来吹奏，在场的听众都会感动得涕泗横流。大王您要是肯收留我，我一定将自己的技艺毫无保留地展现出来。"齐宣王听后，开心地满口答应："嗯，那好，你留下吧。"南郭先生谢恩后，嘴角上扬心中窃喜，心想："哈哈，我的好日子开始了。"从这以后，南郭先生就跟随三百位乐师一起演奏，在宫殿里过着舒坦的生活。

事实上，这个南郭先生根本不是什么乐师。别说吹竽了，他对音乐就是"七窍通了六窍——一窍不通"。每次齐宣王下令演奏，南郭先生就混迹在乐师队伍当中，拿着竽装模作样地演奏。他鼓起腮帮卖力地吹，还不忘陶醉地摇晃身子，仿佛真的与音乐融为一体。

齐宣王去世后他的儿子齐湣王继位。与齐宣王不同的是，齐湣王更喜欢听乐师独奏。于是，齐湣王下令让三百位乐师拿出

滥竽充数

自己的看家本领上台单独演奏。乐师们**跃跃欲试**，私底下加强练习，都想在演奏那天好好表现一番。此时，南郭先生急得像**热锅上的蚂蚁——团团转**。

他**思前想后**也拿不出办法，只能连夜收拾行李逃出了齐国。

玩一玩下面这条成语接龙，看看小兔子能否顺利吃到蘑菇。

滥 竽 充 □ 一 数 □ 人 同 心 其
声 鼎 □ 沸 扬 □ 长 而 □ 粗 □ 利
□ □ □ □ 伦 绝 美 □ 取 □ 断
宁 事 □ 不 流 □ 大 山 □ 题 榜 □

43

掩耳盗铃

成语小课堂

【释义】掩：捂住。捂住耳朵去偷铃铛。比喻自己欺骗自己，明摆着掩盖不了的事硬要设法掩盖。

【例句】无论我们在学习还是工作中，都应脚踏实地，掩耳盗铃之举是要不得的。

【近义词】掩目捕雀　自欺欺人

春秋时期，范氏一家被赵氏一族灭掉了。有个小偷，想趁机从范氏家中偷点东西。他在范氏家的大门口东瞄西看，可是令人失望的是除了大门口的那口大钟，他什么也没看到。"可也不能白来啊？总该带走点什么吧。"他盘算着，心想能用钟换些钱用也好。

说干就干，贪心使他的胆子大了起来。运气还不错，他探头看了看，院子里空空如也，连条狗都没看到。小偷接着就伸手去拿大钟，可是钟太大太重了，他根本拿不动。他灵机一动，找

掩耳盗铃

来一把锤子，想用锤子把钟敲碎带走！于是，他开始用锤子锤钟。谁知钟发出了声响，他马上停住了。"钟的声响很容易惊动周围的人，那时候可就真的成了'偷鸡不成蚀把米'了。"他这样想着，又把手缩了回来。小偷心想还得想个办法。他蹑手蹑脚地离开了范家，嘴角露出了奇怪而得意的笑。

第二天，还是那个时候，小偷拿出他的秘密武器——揉成小团的布条。"捶钟会发出声音，那用小布团将耳朵堵起来，声音不就自然变小了吗？"他这样想着，为自己的聪明而开心起来，举起锤子就开始锤钟。

他心想,周围的人距离自己那么远,什么动静都听不到吧?不一会儿,附近的人跑出来将他按倒在地,呵斥道:"可恶的小偷,看你往哪里跑!"

小偷企图通过蒙住自己的耳朵而让别人听不到声音,这种想法是极其荒唐而可笑的。

成语游戏

成语中有许多含有"耳"这一五官的成语,请你将以下拆散的含有"耳"字的成语连起来吧。

掩耳	不闻
面红	盗铃
洗耳	耳赤
充耳	目睹
耳闻	目染
耳濡	恭听

自相矛盾

成语小课堂

【释义】 矛：长矛，古代用于进攻的武器。盾：盾牌，古代用于防御的武器。比喻自己的言行前后不一或互相矛盾。

【例句】 他的话自相矛盾，我看不可信。

【反义词】 自圆其说

从前，楚国有个制造兵器的铁匠。有一天，铁匠收拾好行李，准备去集市卖自己锻造的长矛和盾牌。

集市上人来人往，好不热闹！卖拨浪鼓的把拨浪鼓甩得"咚咚"直响；卖冰糖葫芦的大声吆喝着"糖葫芦，甜掉牙的糖葫芦"；耍杂技的指挥猴子不停地翻跟斗，乐得围观的小孩们咯咯笑……

铁匠看着热闹的集市，心想自己的长矛和盾牌一定能卖个好价钱。他找了块空地，拿了几件铁具"哐哐"地敲，然后扯着嗓子喊道：

"来来来，瞧一瞧看一看啦，走过路过您可千万别错过啊！"

听到铁匠的叫卖声，大家都凑上前来……围观的人越来越多。

这时，铁匠举起盾牌，清清嗓子说："我这块盾牌，是世上最牢固的铁器，无论多么锋利的东西都不能将它刺穿。"

紧接着，铁匠亮出长矛，大声说："大家再看，我这根长矛，是世上最锋利的铁器，就

自相矛盾

算是石头，长矛轻轻一碰也能瞬间让它粉碎。"

人们将信将疑，议论纷纷，不知道铁匠说的是真是假。

这时，人群中突然传来一声大喊："哎，用你这把长矛能不能刺穿这块盾牌，这块盾牌又能不能抵挡这锋利的长矛呢？"

"对啊！"众人开始大声附和。

"这……这……这……"铁匠憋得脸颊绯红。

之后，铁匠飞快地收拾好包裹，离开了集市。

成语游戏

把下面的近义成语用线连起来吧。

自相矛盾　　　　　　情投意合

摇摇欲坠　　　　　　洋洋得意

心心相印　　　　　　周而复始

生生不息　　　　　　风雨飘摇

沾沾自喜　　　　　　格格不入

画蛇添足

成语小课堂

【释义】 画好蛇后又给蛇添上脚。比喻做多余的事,不但无益,反而弄巧成拙。

【例句】 文章明明写完了,后面又加上一个结尾,实在是画蛇添足。

【近义词】 多此一举 节外生枝

【反义词】 画龙点睛

楚国有一个贵族,为了祭祖准备了很多东西,美酒佳肴,水果珍馐,应有尽有。祭祖结束之后,剩余的东西还有很多,这个贵族想把这些东西分发给前来帮忙的人。不过好酒只有一壶,大家都来喝的话是远远不够的,但如果只是一个人喝的话,那就绰绰有余啦。这时,贵族想了一个办法:自己喜欢蛇,那就让大家进行一场画蛇比赛吧,画得最快、最好的人,将赢得这壶好酒。

大家都**跃跃欲试**。参加比赛的人中有一个很突出，看起来是经过专门训练的。不一会儿，一条**栩栩如生**的蛇就出现在了大家的眼前。正当人们认为这壶酒一定归他的时候，有人露出了疑惑的眼神，原来他正为蛇画着脚呢。大家都很纳闷儿。

另外一边，随着一声"我已经画好了，酒是我的啦！"传出，人群中发出了喝彩声。一条不太精致的蛇出现在大家眼前！

大家回头看着那个自信的"专

业画家"，他失落地低着头，一言不发。旁边的人冒出一句："你本来是画得最好、最快的，如果你没有把蛇添上几只脚，那现在喝着美酒的，不就是你了吗？"说着露出了遗憾的神情。那个人不好意思地笑了笑，尴尬地离开了。

成语之最连连看。

最多余的举动　　　　画蛇添足

最大的改变　　　　　无米之炊

最快的速度　　　　　一日千里

最远的地方　　　　　翻天覆地

最反常的气候　　　　一日三秋

最短的季节　　　　　天涯海角

最难做的饭　　　　　晴天霹雳

杞人忧天

【释义】《列子·天瑞》记载，杞国有个人害怕天塌下来。后比喻缺乏根据或不必要的忧虑。

【例句】对于孩子的前途和幸福，很多母亲经常会杞人忧天。

【近义词】庸人自扰

春秋时期，有个杞国人，平时**忧心忡忡**，经常无端地担心天会塌下来砸死自己，要不就担心地会陷落下去，自己会没有落脚点。即使**山珍海**味放在他面前，他也忧虑得吃不下。每天外出干活，即使已经很累了，他也睡不着。

他的一个朋友听说了这件事情，决定亲自前去劝说他，让他安心。

"天是由很多气体聚集而成的，它就像我们每时每刻在呼吸着的气体一样**无处不在**。你每天都在这样的空间里活动，怎么会担心天塌下来

呢?"朋友用轻松而自信的语气说着。

杞国人说:"如果真如你所言,那么挂在天空中的太阳、月亮和星星为何稳稳当当地挂在空中,不见坠落呢?"他依然是一副忧虑的神态。

"可是太阳、月亮和星星,也是由气体聚集而成的,本质上和天是一样的,不过太阳、月亮、星星会发光罢了。"朋友的语气仍然坚定而自信。

"你说即使天崩塌,也不会对我们有什么伤害,但如果地陷落了呢,我们到哪里生存?"

"大地是由土块聚集而成

杞人忧天

的。人们整天都在大地上活动，胖子或是瘦子，走路或是跳舞，大地都没有任何损坏，你怎么会担心大地陷落呢？这没什么可忧虑的啊！"他的朋友继续说道。

担忧天塌地陷的杞国人看着眼前这个耐心为自己解释的朋友，紧蹙的眉头终于舒展开来，脸上露出了难得的微笑。

成语游戏

玩一玩下面这条成语接龙，帮小朋友找到气球吧！

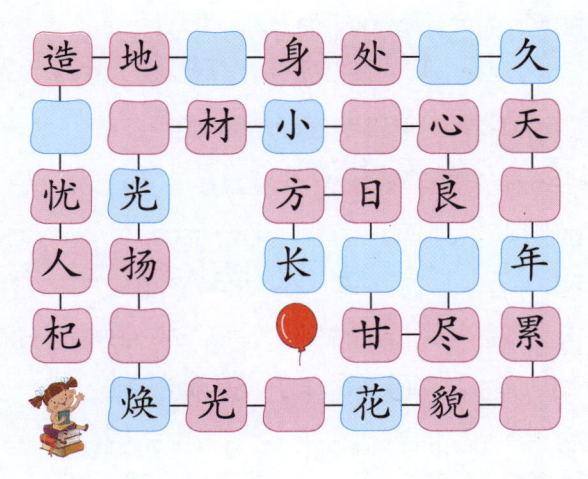

造	地		身	处		久
		材	小		心	天
忧	光		方	日	良	
人	扬		长			年
杞				甘	尽	累
		焕	光		花	貌

55

井底之蛙

成语小课堂

【释义】 生活在井底的青蛙，它只能看见井口那么大的一片天。比喻眼界狭隘、见识短浅的人。

【例句】 作为新一代青年，要眼界开阔，胸怀大志，决不能做井底之蛙。

【近义词】 井蛙醯鸡

一只绿皮青蛙快速跳动着，它步履匆匆，神情焦急。原来，它之前住的房屋被暴雨毁了，只能再找一处新居。终于，功夫不负有心人，青蛙找到了偏远郊区的一口废井，它左看看右瞧瞧，对自己的新家很满意。

许多天过后，青蛙像往常一样，准备上去透透气。于是，它使劲蹬腿跳上井沿。看着眼前一片祥和的景象，青蛙圆圆的脸上堆满了笑容。

井底之蛙

这时，一只海龟缓慢地爬了过来。青蛙觉得海龟面生，不像周围住的邻居，便上前去与它攀谈。

"嘿，老兄，你不住在这附近吧，我看你面生。"青蛙招招手，大声说。

海龟说："是呀，我住在海里，今天刚好路过这儿。"

青蛙心想："那是什么地方？哎，肯定不如我这井里安逸舒适。"

一想到这，青蛙便拉着海龟走到井边，夸耀说："你看，我是这口井的主人，这就是我的家。我住在这里，每天都很快乐。我想放风的时候就跳上井沿看一会儿，我累了就回到井里趴一会儿，傍晚还能在井里的泥浆上散个步，深夜还能趴在井壁上仰望星空。"

"你来我的住处参观吧。"青蛙热情地邀请海龟。

海龟虽然不大情愿，但又不好拒绝，便点点头答应了。谁知，海龟刚迈开自己的左脚，右脚就被绊住了。原来，井口太窄，海龟的身子很难进去。

海龟连忙后退两步，摆摆手说："看来你的房子有些脾气，不想让我进去啊！哈哈！对了，你见过大海吗？"青蛙一脸茫然地摇摇头。

海龟接着说："海的宽度，不止一千里；海的深度，不止一千丈。就算是陆地上发了很多次大水，海的面积也并没有增加多少；就算是陆地上连年干旱，海里的水也并没有减少多少。海里的景色丰富多彩，海里的物种千姿百

井底之蛙

态，那才让人大开眼界呢！"
听了这话，青蛙目瞪口呆，喃喃自语道：
"看来我住在这里，只能看见头顶这一片天啊！"

成语游戏

找出下列有"故事"的成语中的错别字并改正。

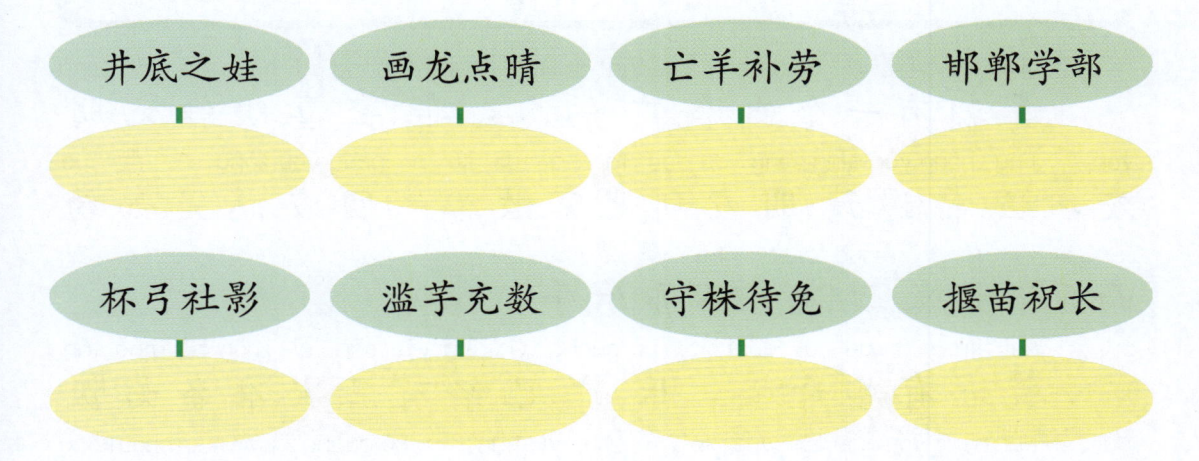

| 井底之娃 | 画龙点睛 | 亡羊补劳 | 邯郸学部 |

| 杯弓社影 | 滥芋充数 | 守株待免 | 揠苗祝长 |

59

杯弓蛇影

成语小课堂

【释义】 把墙上的弓映在酒杯中的影子当成蛇。比喻疑神疑鬼，妄自惊慌。

【例句】 她不知从哪儿听到要地震的谣言，整天杯弓蛇影，坐立不安。

【近义词】 草木皆兵　风声鹤唳

晋朝有一个叫乐广的人，非常喜欢结交朋友，经常邀请朋友到他家做客。朋友总是如约而至，谈天说地，不亦乐乎！

最近有些奇怪，乐广已经有三次准备好饭菜，但朋友都失约了。这一天，乐广专门抽空到朋友家中询问。

只见朋友脸色苍白，不见了往日的红润，原来他生病了。经乐广仔细询问，朋友生病的原因竟然跟自己有关。

朋友解释说："上次去你家做客，起初我也喝

得**酣畅淋漓**,但当我举起最后那杯酒时,竟然发现里面有条蛇。我以为是自己醉了之后眼睛花了,定睛细看,酒杯里的'蛇'还动了起来。"

听完朋友的话,乐广感到又好笑又内疚,没多说什么,只是拉着朋友就往自家方向走,在途中还买了美酒和下酒菜。

朋友还是有点儿胆怯,但**盛情难却**。一切准备就绪,朋友依然坐在往常的位置。

乐广慢悠悠地说:"来,举起你的酒杯,仔细看看,你能够看到什么?"

61

朋友声音颤抖，说道："我又看到了一条蛇，要不你来看看？"

"不用看了，不是蛇，那是弓的影子。"乐广说着用手指向墙上的那张弓。

原来，朋友坐的那个位置正好对着挂弓的墙，弓倒映在杯里，自己举杯的时候晃动了酒杯，"蛇"的影子自然就晃动起来了。

朋友疑虑全消，如释重负。这次，两人喝了一顿畅快的酒，席间笑声不断。

下面的成语表格中，有六个含"影"字的成语，请你将它们一一圈出来吧。

捕	风	返	老	刀	光	剑	童
捉	影	是	见	影	含	影	目
牢	非	立	竿	笔	沙	下	言
羊	千	点	不	辨	射	明	杯
还	重	浮	光	云	影	补	弓
石	释	影	掠	返	聪	影	蛇

叶公好龙

成语小课堂

【释义】叶公：春秋时楚国贵族。好：喜欢。比喻表面上喜爱某种事物，实际上并不真正喜欢它，甚至还畏惧它。

【例句】有的人嘴上拥护改革，可当改到自己头上时却怕得要命，这就是典型的叶公好龙。

【近义词】表里不一

春秋时期，有位叫叶公的人，喜欢呼风唤雨、变幻无穷的龙。

喜欢到什么程度呢？在他居住的地方，无处不见龙的影子。他命人在自家大门前雕刻了一对大龙石柱，龙身绕着柱子蜿蜒盘旋，健硕的龙身、饱满的龙鳞、炯炯有神的龙眼、长长的龙须，张着牙舞着爪，威风凛凛！再往他家花园瞧，假山上、房梁上、柱子上、门窗上、墙壁上、台阶上……随处可见"龙"的图案。

叶公的生活起居也遍布"龙"的痕迹。他每天画"龙"图、写"龙"字,给孩子取名也用"龙"字——大儿子叫"大龙",二儿子叫"二龙"。

叶公好龙这件事越传越远,最后传到了天上真龙的耳朵里。真龙听闻此事后很感动,它捋着龙须点着头,说:"难得叶公对我如此痴迷,我得下凡会会他,满足他对我的'思念'之情。"

"唰"的一声,真龙朝叶公家飞去……

此时的叶公正趴在自家窗前的案牍上**目不转睛**、**认认真真**地画龙。画纸上,龙形即将显现。

叶公好龙

真龙飞到叶公家,将龙头伸进窗户,对叶公说:"叶公,听闻你特别喜欢我,我特地来拜访你。"正在作画的叶公吓得**哆哆嗦嗦**地钻进桌底,说:"不……他们瞎说的……"话还没说完,叶公一翻白眼,晕过去了。真龙一看,叹了口气,一甩龙尾便飞走了。

成语游戏

以下表格中含有六个含"叶"字的成语,请你把它们找出来。

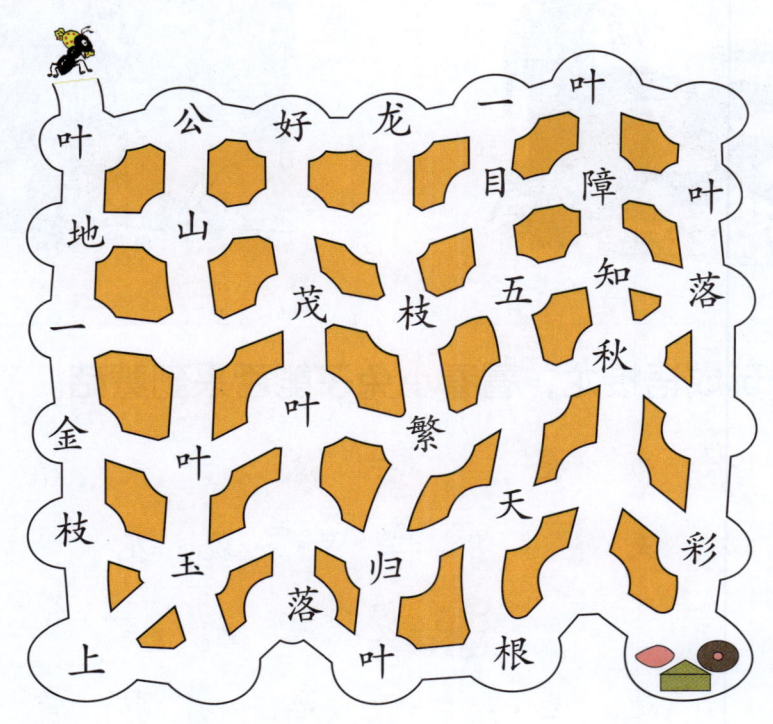

```
叶 公 好 龙 一 叶
叶       目 障
地   山     知 叶
一 茂 枝 五 秋 落
金 叶 繁
枝 叶 天
上 玉 归 彩
  落 叶 根
```

练一练

一、看拼音，写成语。

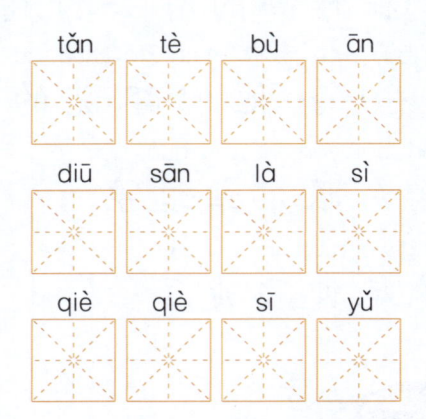

yā què wú shēng

tǎn tè bù ān

cùn bù nán xíng

diū sān là sì

jīn jīn yǒu wèi

qiè qiè sī yǔ

二、看图猜成语。

1. _____   2. _____

三、玩一玩成语接龙，看看小兔子能否采到蘑菇。

寸 步 难 □ 云 流 □ 天 相 □

□ 久 天 □ 年 累 □ 貌 花 连

处 □ □ □ 发 焕 光 □ □ 不

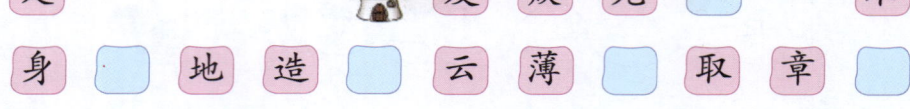

身 □ 地 造 □ 云 薄 □ 取 章 □

66

四年级

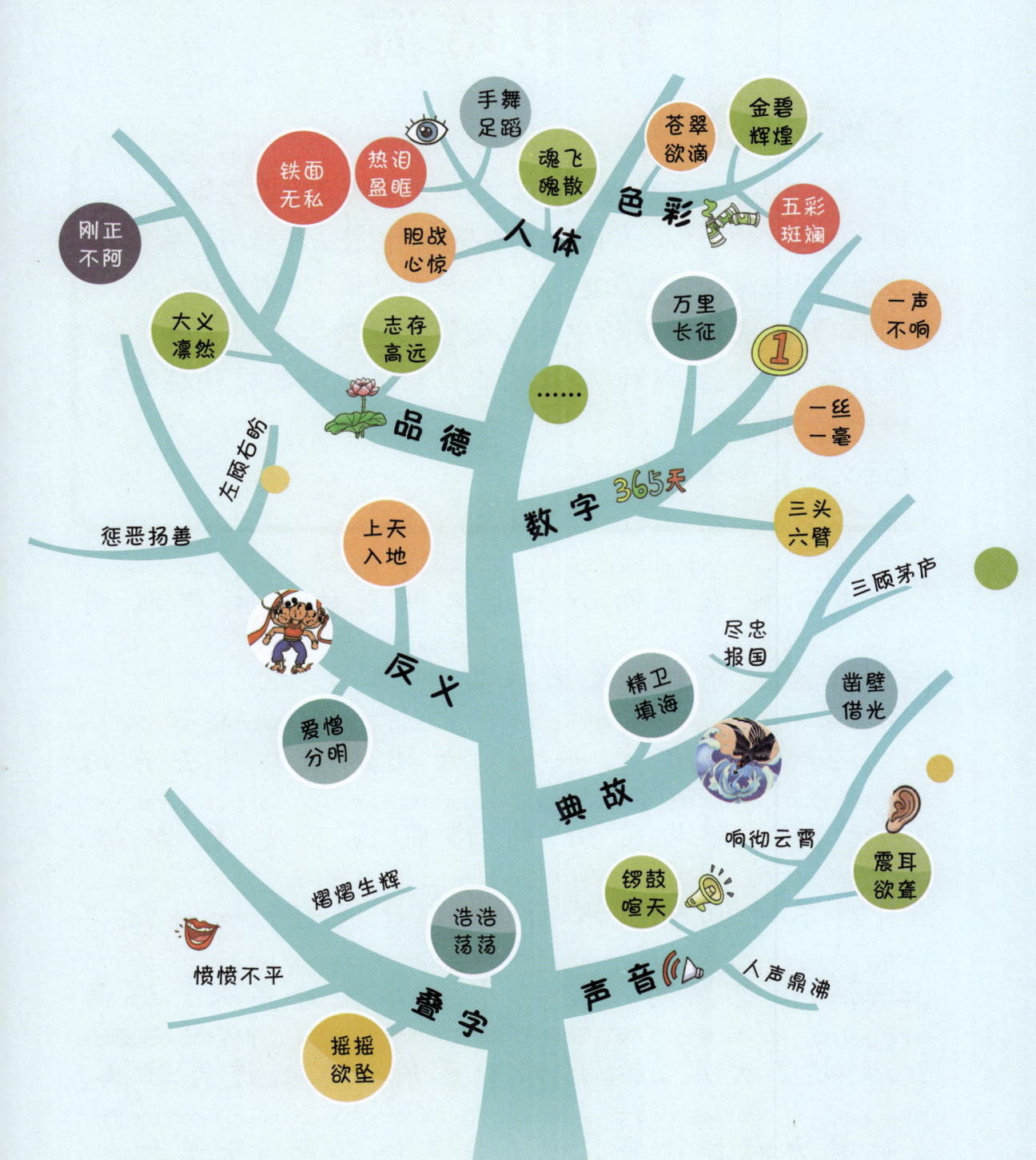

- 人体：铁面无私、热泪盈眶、手舞足蹈、魂飞魄散、胆战心惊
- 色彩：苍翠欲滴、金碧辉煌、五彩斑斓
- 品德：刚正不阿、大义凛然、志存高远、左顾右盼、惩恶扬善、爱憎分明
- 数字：万里长征、一声不响、一丝一毫、三头六臂、三顾茅庐
- 典故：上天入地、尽忠报国、精卫填海、凿壁借光
- 声音：响彻云霄、锣鼓喧天、震耳欲聋、人声鼎沸
- 叠字：熠熠生辉、浩浩荡荡、愤愤不平、摇摇欲坠
- 反义：

精卫填海

成语小课堂

【释义】《山海经·北山经》载,精卫为炎帝之女在东海淹死后的灵魂所化的小鸟,常衔西山的石子、树枝去填东海。后用来比喻仇恨极深,立志报复。也比喻意志坚强,不畏艰难。

【例句】日寇铁蹄下的中国人民精卫填海、浴血抗争,表现出崇高的民族精神。/他们正以精卫填海的精神在戈壁滩上改沙造绿。

【近义词】愚公移山

炎帝神农氏的小女儿名叫女娃,生得聪明伶俐、活泼可爱,大家都非常喜欢她。这一日,阳光明媚,女娃驾着小舟去东海中玩耍。海水在阳光的照耀下波光粼粼,鱼儿时不时地跃出水面向女娃问好。女娃玩得正高兴,忽然间,天空中飘来大片乌云,海面上刮起了大风。海水伴着烈风,卷起惊涛骇浪。女娃努力操控小舟,但小舟最终还是被大浪打翻,

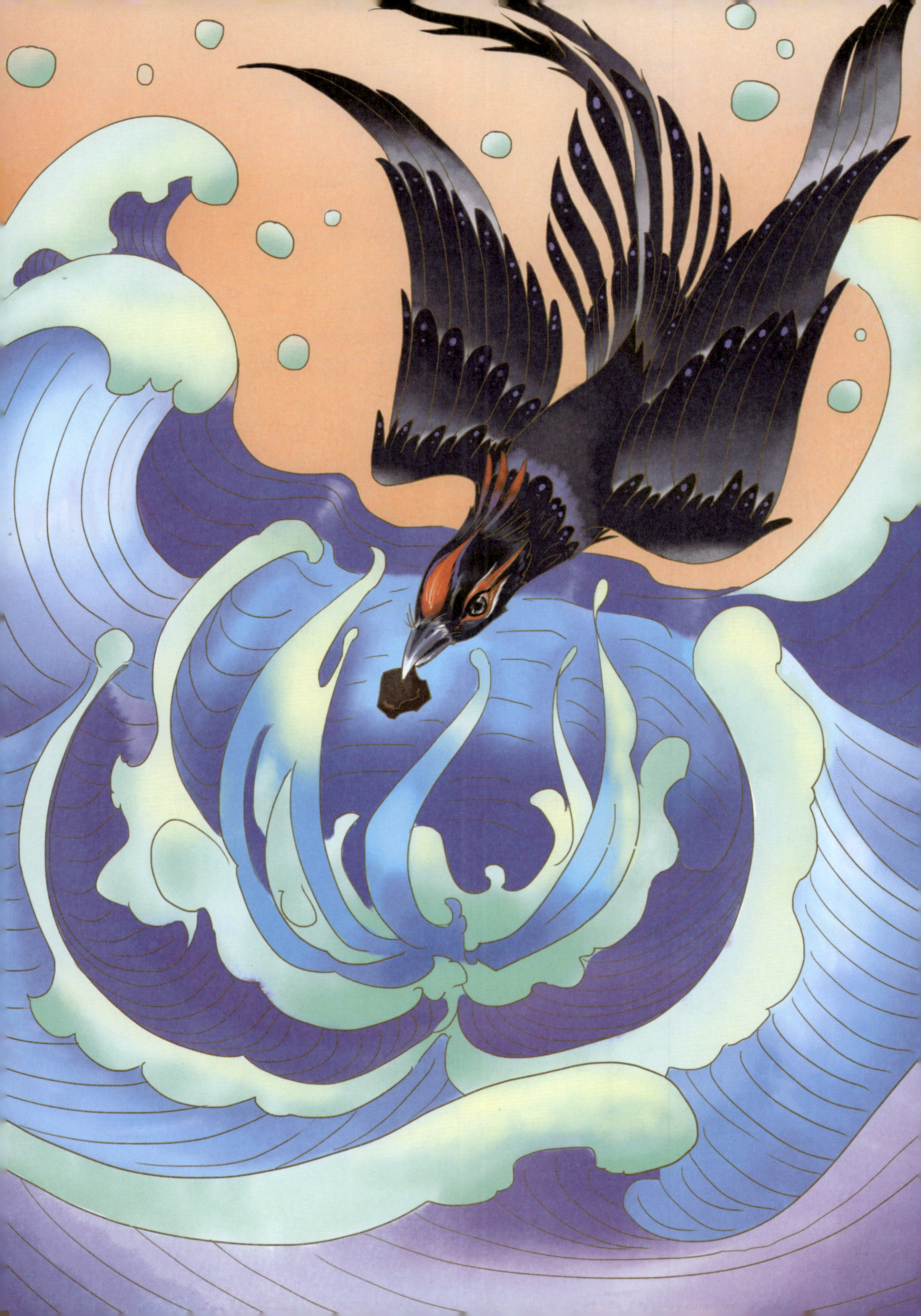

沉入海底。

然而，女娃是个倔强的女孩儿，不肯向命运低头。她的灵魂化作了花脑袋、白嘴巴、红爪子的精卫神鸟，每天从西山上衔起树枝和石块儿扔进东海，然后发出"精卫、精卫"的悲鸣。东海神嘲笑她："傻瓜，海这么深，你是填不平的。"精卫坚定地回答道："为了不让你夺取更多人的性命，就算要千年万年，我也决不会停止填海。"说完，她又向西山飞去。

下面都是源于神话故事的成语，请把它们补充完整。

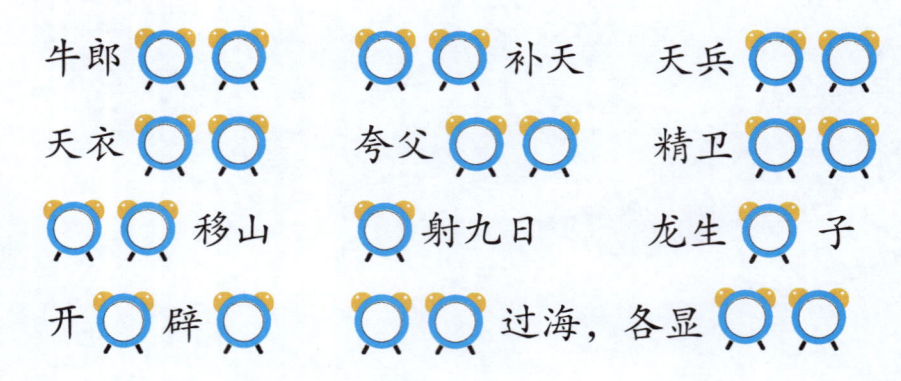

牛郎〇〇　　〇〇补天　　天兵〇〇

天衣〇〇　　夸父〇〇　　精卫〇〇

〇〇移山　　〇射九日　　龙生〇子

开〇辟〇　　〇〇过海，各显〇〇

钻木取火

成语小课堂

【释义】古人的原始取火术。多用于描述原始生活方面。

【例句】在原始时期,人类发现了钻木取火的方法。

在远古时代,人们靠吸吮露珠的精华解渴,以自然界的草木植被为食。人们不认识火,更谈不上用火。人们吃的东西是生的,因此经常生病,寿命大都很短。那时候,昆仑山上多白石,少草木,只有一种能在石头上生长的树。这种树没有皮,有树枝,没有树叶,看上去就是一棵干枯的树,人们把这种特别的树叫作"燧木"。每当电闪雷鸣的时候,闪电的白光出现,燧木上就会有红红的光闪现,还冒出阵阵浓烟,十分呛鼻。人们只敢远远地看着,不敢出去一探究竟,因为他们以为那些光是上天对大地的惩罚,不敢靠近。

有一天，一个年轻人把一棵发着红光的燧木拖回部落。人们这才明白这红光就是火，能够燃烧东西，于是纷纷捡来树枝放在燧木上，想把这火保留起来。可是有一天，又下起了大雨，人们加了很多树枝，也没燃起来，火熄灭了。

这时，年轻人想到，他曾多次看见过当鸟啄燧木的时候，也有火光出现。于是，他取来燧木，折了一些燧木的树枝，把小树枝弄成尖尖的，学鸟啄木的样子，用小树枝去钻大树枝，树枝上果然擦出火光！他一停止，火光又消失了，年轻人耐心地擦了好多次，终于看到了树枝冒出烟，然后燃起火了。年轻

钻木取火

人高兴极了,赶紧把取火的办法教给其他人,大家都学会了钻木取火的技艺。

从此,人们知道了取火,得到了温暖,吃上了熟食,疾病少了,寿命也长了。大家都感恩于发现火并**传授**钻木取火技艺的年轻人,便称他为"燧人",也就是取火者的意思。

成语游戏

请从"日、月、水、火"中,选择合适的字填入下面成语的空格中。

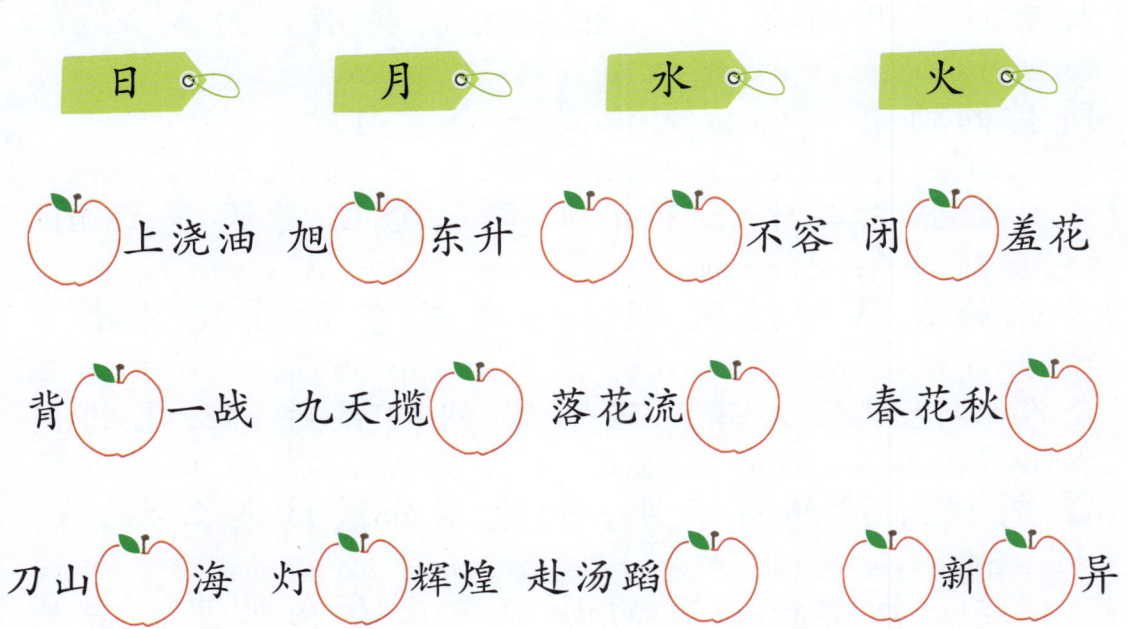

| 日 | 月 | 水 | 火 |

〇上浇油　旭〇东升　〇不容〇　闭〇羞花

背〇一战　九天揽〇　落花流〇　春花秋〇

刀山〇海　灯〇辉煌　赴汤蹈〇　〇新〇异

73

尽忠报国

成语小课堂

【释义】 为国家竭尽忠诚，牺牲一切。

【例句】 岳飞以他尽忠报国的精神青史留名。

【反义词】 卖国求荣

岳飞，字鹏举，宋朝抗金名将，中国历史上著名军事家、战略家、书法家、诗人。

岳飞**天生神力**，不到二十岁就能拉开几个人都拉不开的强弓。他喜欢读兵书，为人沉稳，同村的所有人都认为他是一个奇才。

在岳飞二十三岁的时候，金国消灭了辽国，并开始大举入侵宋朝。待在家乡的岳飞目睹了金人入侵以后大肆地残杀宋朝的百姓。岳飞的内心充满了愤怒与不甘。他也不知道该怎么办。

这一切都被岳飞的母亲姚氏看在眼里。岳母把岳飞叫到跟前说："孩子啊，现在金人不停地

尽忠报国

侵略我们的国家，国家正处于危难的时刻。你说你应该怎么办啊？"

岳飞瞬间就明白了母亲的话，他说："母亲，我要到前线去杀敌，尽忠报国！"

岳母对岳飞的回答十分满意。她对岳飞说："孩子，你说得真好，没有辜负我的期望。我打算把'尽忠报国'四个字刺在你的背上，以劝勉你**不忘初心**，尽心报国，你能忍受吗？"

岳飞说："母亲，小小钢针算不了什么，如果连针都怕，我又怎么能够上战场去打仗呢？如果连这一点痛苦我都忍受不了，我又怎么**保家卫国**呢？"

岳母先在岳飞的背上写下了这四个字,然后用绣花针刺了起来,随后又涂上醋墨。从此,"尽忠报国"四个字就永不褪色地留在了岳飞的后背上。

岳飞从军后,很快因作战勇敢而升为秉义郎。而岳飞这一生都在践行着母亲给他刺的这四个字。他多次打败金人,收复沦陷的国土,成为著名的抗金英雄,被历代人民所敬重。

成语游戏

读成语,猜人物。请写出与下列成语有关的人物。

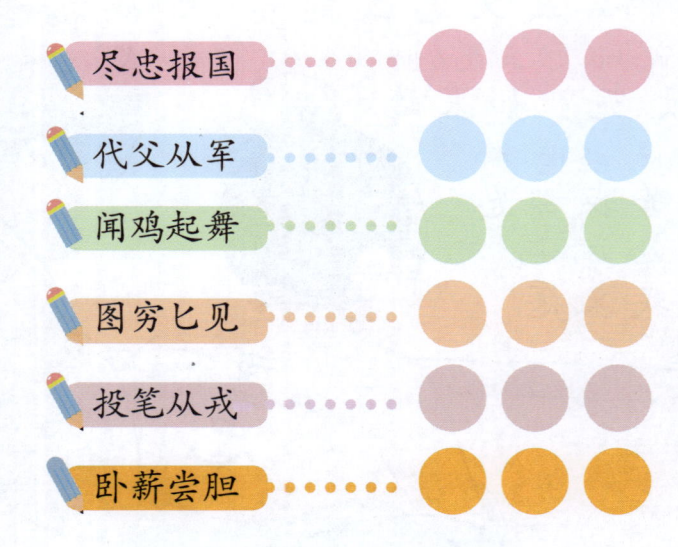

- 尽忠报国
- 代父从军
- 闻鸡起舞
- 图穷匕见
- 投笔从戎
- 卧薪尝胆

铁面无私

成语小课堂

【释义】铁面：形容严肃刚正的面容。形容公正严明，不徇私情。

【例句】历史上的包公铁面无私，被誉为"包青天"。

【近义词】大公无私

【反义词】徇情枉法

包拯是北宋著名的清官，人们都称他为包公。他审理案件仔细公正，铁面无私。他在庐州府做官时，有些亲友想拿包拯做靠山，利用他的职务为自己谋取利益。当时，包拯有个亲戚犯了法，被人告到了官府。但包拯仍旧坚持原则，依法处理，照样打了他一顿板子。从此以后，亲戚们打消了之前的念头，再也不敢为非作歹了。

在包拯当官期间，有一个出了名的大贪官

明镜高悬

王逵。他横行霸道，随意以各种理由征收百姓的钱财和粮食。他把搜刮来的钱财大量贿赂京城的贪官，为自己谋取利益。并且，他治理地方的手段极其残忍，不管百姓们有没有犯法，不问原因就随意杀害百姓。

因为包拯铁面无私，任何皇亲国戚、权贵大臣，都没有办法在包拯那里走后门。所以，当时流传着这样一句话："关节不到，有阎罗、包老。"包拯不能容忍王逵的恶劣行径。

铁面无私

这时候,包拯了解到王逵的一项重大罪行。原来,王逵在江南当官期间,疑心有个地方官告发了他的罪行,就打击报复,暗中指使人诬告这个地方官,毫不留情地关押了五六百人,制造了一个大冤案。包拯接连上了四道奏折告发王逵。他义正辞严地责问朝廷说:"难道朝廷竟忍心让一个地区的百姓,听任王逵残害吗?"最后,皇帝免去了王逵的官职。

成语游戏

下面的成语接龙你都能填对吗?

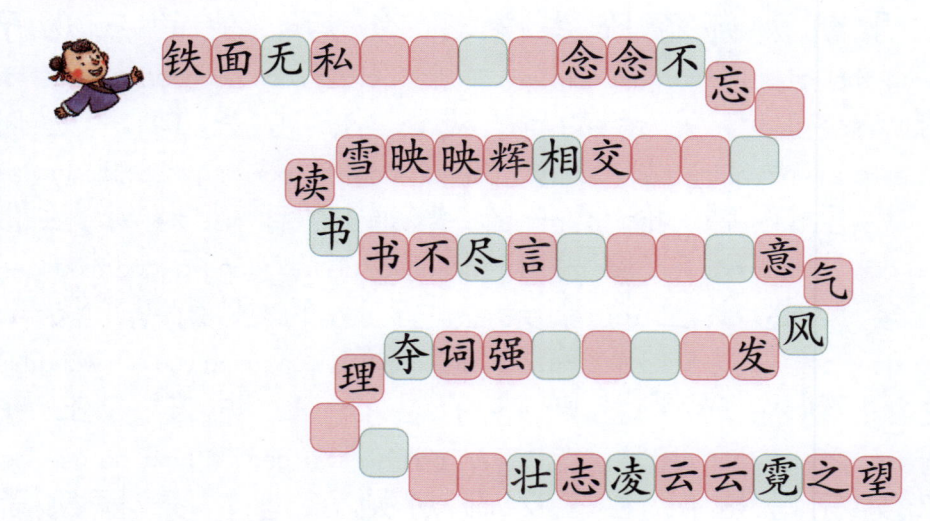

铁面无私　　　念念不忘
读雪映映辉相交
书书不尽言　　意气
理夺词强　　发风
壮志凌云云霓之望

刚正不阿

成语小课堂

【释义】 阿：偏袒，迎合。刚强正直，不逢迎附和。也作"方正不阿"。

【例句】 端午节是为了纪念刚正不阿的屈原。

【近义词】 堂堂正正

【反义词】 趋炎附势

海瑞，字汝贤，号刚峰，明朝著名清官。海瑞一生，就和他的号一样，做人刚强正直，不畏邪恶。他一生严惩贪官污吏，做了很多利于老百姓的事情，被老百姓亲切地称为"海青天"。

明朝太师徐阶告老还乡后，他的三儿子徐瑛仗着自己父亲的威风，强占民田，鱼肉百姓，甚至还强抢了一个普通老百姓赵小兰做他的小妾。赵小兰的母亲去当地的县衙告状，结果没想到徐瑛早就贿赂了县令王明友。王明友不但没有给她做主，反而判她诬告，并打死了赵

刚正不阿

小兰的祖父。

这件事被海瑞得知后,他决定彻查此事。经过他不断地努力,他搜集了各种证据,依法判处徐瑛、王明友斩立决。徐阶知道了以后,不忍心自己的儿子被处死,就偷偷联系了他以前当官时期的朋友们,并重金收买了皇帝身边的宦官和大臣们,希望能够**蛊惑**皇帝罢免海瑞的官职。

海瑞得知了以后,当**机立断**,当场命令官

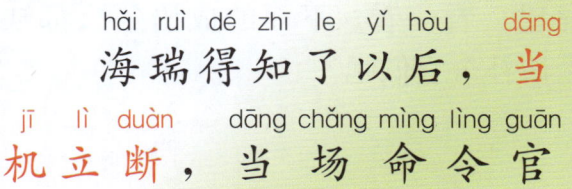

差杀了徐、王二人,并对那些人说:"你们可以罢免我的官职,但是触犯了法律的人必定会受到惩罚,谁也逃不过去。"然后海瑞把官印交了出去,一个人回了故乡。

虽然海瑞回了自己的故乡,但是后来又被重新任命了官职。就这样,无论被免了多少次的官,无论当的是大官还是小官,只要是触犯了法律的事情,海瑞都会秉公执法。

给成语补尾巴,看一看,下面的成语怎么都缺少了尾巴。请补全它们吧。

刚正不	指手画	不假思	天摧地
忠厚老	小心翼	眉飞色	一尘不
和蔼可	风雨同	三番五	拊掌大
高山流	波涛汹	丰富多	约定俗
不可开	拿手好	粉墨登	字正腔

凿壁借光

成语小课堂

【释义】凿穿墙壁偷偷地借邻家的光亮。形容勤学苦读。
【例句】学习需要凿壁借光、悬梁刺股的刻苦精神。
【近义词】囊萤积雪　悬梁刺股

西汉时期,有个农民的孩子,叫匡衡。他从小很喜欢读书,可是因为家里穷,没钱上学。但他从来不放弃学习,一次偶然的机会,他发现有个亲戚虽然没有很多学问,却能识很多字,匡衡就去帮做家务,让亲戚教他识字。

匡衡买不起书,只好借书来读。在农忙的时节,他去给有钱的人家做事,等到发工钱的时候,他也不要钱,只要有钱人家借书给他。

就这样,匡衡用劳动换来了很多看书机会。过了几年,匡衡长大了,父母亲老了干不动活,匡衡就成了家里的顶梁柱。因为白天

要干活,他就想利用晚上的时间来看书。可是,匡衡家实在贫困,根本买不起点灯的油,没有灯,晚上就没法看书了。

有一天晚上,匡衡睡不着,躺在床上背白天读过的书。背着背着,突然发现东边的墙壁透过来一线亮光。他"嚯"地站起来,激动地走到墙壁边一看,原来壁缝里透过来的是邻居家的灯光。这一点光并不明亮,但它却照亮了一直压在匡衡心头的阴霾。

于是,匡衡想了一个办

凿壁借光

法：他拿了一把小刀，把墙缝挖大了一些。这样，透过来的光亮也大了一些，他凑着透进来的灯光，**专心致志**地读起书来。

从此以后，匡衡白天在田里忙农活，夜晚就借着一小束从隔壁邻居家借来的光，**孜孜不倦**地读书。经过**不懈努力**，匡衡终于成为一代学者。

成语游戏

写出下列成语的近义词。

| 凿壁借光 | 毛遂自荐 | 毛骨悚然 | 十拿九稳 |

| 真相大白 | 满腹经纶 | 有的放矢 | 闭月羞花 |

85

三顾茅庐 (sān gù máo lú)

成语小课堂

【释义】 指刘备三次请诸葛亮辅佐的故事。后用来指诚心诚意一再邀请。

【例句】 校长三顾茅庐，诚恳地邀请李老师主持高三年级的工作。

【近义词】 礼贤下士

【反义词】 拒人千里

东汉末年，群雄割据，战争频繁。刘备同关羽、张飞三人一起结拜为兄弟，打算做出一番轰轰烈烈的事业来。经过努力，他们拥有了一支自己的军队，在河南新野驻扎。刘备听手下徐庶说南阳隆中卧龙岗有个叫诸葛亮的隐士，很有学问和智慧，据说得到他的帮助，天下就得到一半了。

刘备就叫上兄弟关羽和张飞一同前去拜访。可是，前后去了两次都没能见到诸葛亮。

刘备心想：要实现统一天下的大业，没有人

三顾茅庐

才的辅助是难以成功的。于是打算第三次去见诸葛亮。

他们来到隆中,在距离诸葛亮住处还有半里路时,刘备就下马步行。

到了诸葛亮家,书童说诸葛亮正在午睡。刘备吩咐关张二人在门外等候休息,自己**毕恭毕敬**地在茅屋台阶下站立着。就这样足足等候了两个时辰。一直到刘备站得双膝发软,诸葛亮才午睡醒来,听说刘备已经等候多时了,连忙起身把他们迎到屋里。刘备虚心请教,诸葛亮被刘备三次拜访的诚意感动了，推心置腹地与刘备交谈起来。诸葛亮分析了天下的局势，并向刘备陈说了三分天下，然后取胜的策略。刘备对诸葛亮的智慧大为赞赏，并邀请他出山相助，诸葛亮答应了。

后来，在诸葛亮的帮助下，刘备的势力一天天壮大起来，最终成为三国时期三分天下的一方霸主。

成语与名著。根据四大名著典故猜成语。

1. 刘备请诸葛亮
2. 刘备借荆州
3. 关公面前耍大刀
4. 周瑜打黄盖
5. 贾宝玉出家
6. 刘姥姥进大观园
7. 沙和尚挑担子
8. 宋江的眼泪

囊萤映雪

成语小课堂

【释义】 东晋车胤家中贫穷，无钱买灯油，夏天晚上他捉来萤火虫装在绢袋里映照书本读书；东晋孙康家贫无钱买蜡烛，在冬天便利用雪的反光映书苦读。后用"囊萤映雪"形容刻苦攻读。

【例句】 贫穷并不能消磨我们求学的意志，即使囊萤映雪，我们也要坚持下去。

这则成语由囊萤和映雪两个故事组成。东晋大臣车胤小时家境不好，常没钱买灯油，晚上无法读书。一个夏天的晚上，一只萤火虫飞到他的身边。看着萤火虫发出的一闪一闪的光，他灵机一动，想出了一个晚上读书的好方法。他捉来一些萤火虫装进白色绢袋里，再扎住袋口吊起来，然后借着微弱的光亮就可以读书了。从此，他常抓萤火虫晚上读书。

荆州刺史桓温很赏识车胤，任命他为从事。后来车胤一路升迁，官至吏部尚书。

东晋人孙康，从小酷爱读书，常感觉时间不够用，就想利用晚上的时间读书，但同样家贫耗费不起灯油。一天他半夜醒来，发现窗缝里透进几缕白光，推门一看原来天降大雪，一片白皑皑的世界。他顾不得寒冷，拿来书本，借着耀眼的雪光读起来。以后只要下雪，他就到门外读书。

囊萤映雪

后来，孙康终于学有所成，成为有名的学者，做了御史大夫。

成语游戏

读成语，猜人物，请写出与下列成语有关的人物。

囊萤映雪 ——

洛阳纸贵 ——

金屋藏娇 ——

高山流水 ——

悬梁刺股 ——

牛角挂书 ——

圆木警枕 ——

铁杵成针

成语小课堂

【释义】 将铁棒磨成一根细针。比喻只要有毅力,肯下苦功,事情就能成功。

【例句】 王老师常以铁杵成针来勉励同学们学习要坚持不懈才能成功。

李白小时候是一个好动的、没耐心的小家伙。李白的父亲为了让李白安心学习,于是把他送到象耳山中的书院。可贪玩的小李白根本静不下心,他趁老师不在身边,便偷偷地跑到附近热闹的街市上去玩。

在去街市的路上,经过一条小溪时,忽然从溪边芦苇丛中传来窸窸窣窣的声音,小李白有点纳闷儿,这是什么声音呢?于是他便寻着这个声音走去。原来是一个头发花白的老奶奶在吃力地磨着一根铁杵,老奶奶的额头上渗出了许多汗水,可以看出她非常辛苦。

铁杵成针

小李白不愿老奶奶这样辛苦,便主动地走上前想去帮老奶奶。他对老奶奶说:"老奶奶,我能帮您吗?"此时,老奶奶注意到了小李白,她看着眼前这个一脸天真的小孩子看着她,觉得十分可爱。老奶奶停下了手中的活,**眉眼含笑**地对小李白说:"哈哈,乖孩子,谢谢你了,这个铁杵很重的,你弄不动。奶奶我呀,现在还有力气能磨动它。"小李白不解地问:"那奶奶您磨这个铁杵做什么呢?"老奶奶擦了擦额角的汗水说:"我是要把它磨成一根细细的绣花针呀。""啊?绣花针?这怎么可能呢?"小李白惊讶极了,要把如此粗的铁杵磨成绣花针,太不可思议了!

老奶奶摸着小李白的头,和蔼地说:"孩子,俗话说得好'世上无难事,只怕有心人',只要功夫下得深,这根粗粗的铁杵也能磨成针!所以做事只要坚持用心去做,没有做不好的!"

听了老奶奶的话,小李白便返回书院去学习了,最终成为了流芳千古的大诗人。

成语游戏

看一看,连一连。请你把左侧的典故和右侧对应的成语用线连起来吧。

李白学诗	铁杵成针
秦琼卖马	纸上谈兵
李世明开言路	满载而归
赵括打仗	乐不思蜀
刘禅在魏国	从谏如流
草船借箭	英雄末路

程门立雪

成语小课堂

【释义】 程：指宋代理学家程颐。立雪：站在雪地里。用以形容尊师重道，恭敬求教。

【例句】 你想让这位从不接受采访的艺术家接受你的采访，就得拿出点程门立雪的精神。

【反义词】 班门弄斧

杨时，北宋著名的哲学家、文学家、政治家。程颢和弟弟程颐在当时是著名的理学大师，很多人都想在他们两人的门下拜师。杨时就是其中之一。在跟随程颢学习时，因为他聪明好学，能够举一反三，又对老师非常地尊敬，所以深受程颢的喜爱。后来，程颢去世了，杨时嚎啕大哭。他在卧室里设立了程颢的灵位祭拜。

杨时四十一岁时，他约上同学游酢去洛阳找老师的弟弟程颐，希望拜在他的门下继续学习理学。

此时的程颐因为上了年纪,早已不再招收弟子。杨时和同学当然也不例外。但是程颐答应,可以在他们有问题的时候上门拜访。

他们两人很感激,于是在洛阳住下,继续钻研理学。时间慢慢过去,春去秋来,一转眼就到了冬天。那天,天空中飘着鹅毛大雪,天寒地冻的。但是杨时二人遇到了一个非常棘手的问题。于是两人决定冒雪前往程颐的府上讨教。当仆人把两人带

程门立雪

到程府时,杨时发现老师正在午睡,他便拉住同伴,示意同伴停下来。两人立刻停住了脚步,站在院落外面,生怕吵到了程颐休息。

等到程颐醒来时,门外的雪已下了一尺深,两人双脚都盖在了雪里。程颐被他们的真诚所感动,当即将他们收为弟子。

成语游戏

请从"风、霜、雨、雪"中,选择合适的字填入下面成语的空格中。

风霜雨雪

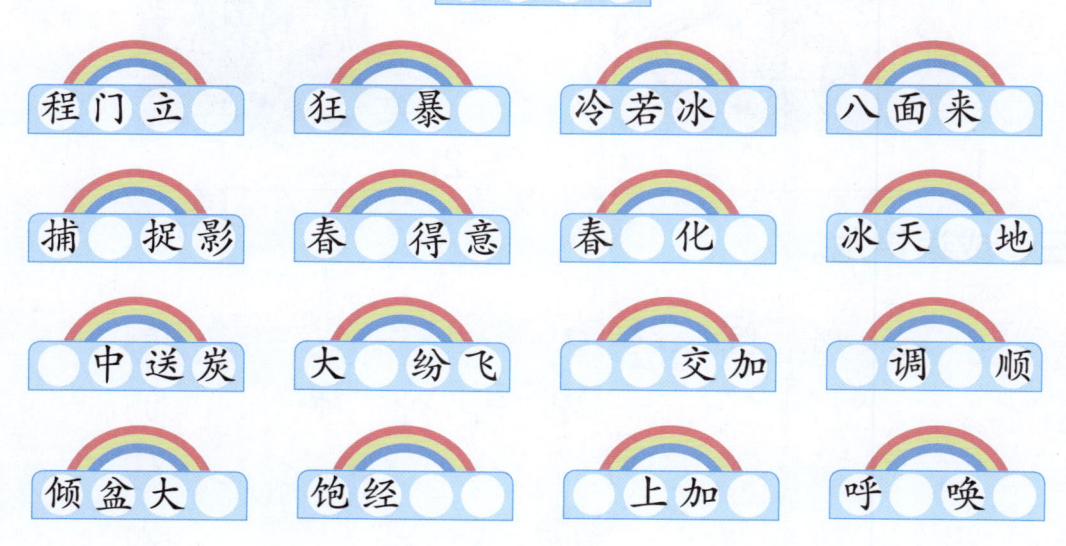

程门立〇　　狂〇暴〇　　冷若冰〇　　八面来〇

捕〇捉影　　春〇得意　　春〇化〇　　冰天〇地

〇中送炭　　大〇纷飞　　〇〇交加　　〇调〇顺

倾盆大〇　　饱经〇〇　　〇上加〇　　呼〇唤〇

97

练一练

一、看拼音，写成语。

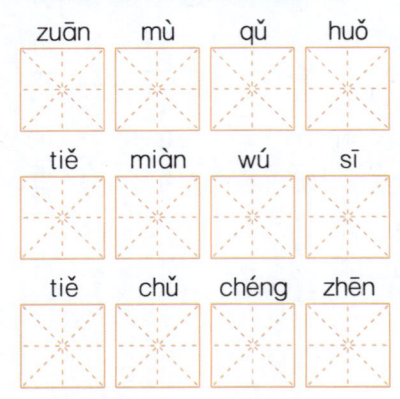

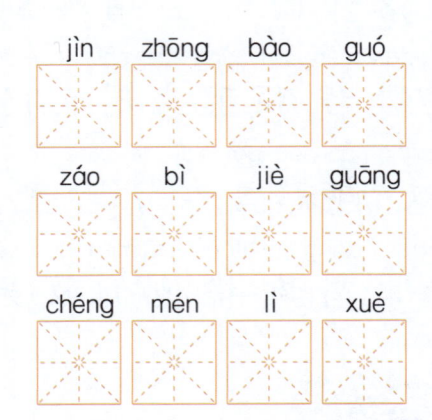

zuān	mù	qǔ	huǒ		jìn	zhōng	bào	guó

tiě	miàn	wú	sī		záo	bì	jiè	guāng

tiě	chǔ	chéng	zhēn		chéng	mén	lì	xuě

二、看图猜成语。

1. _____   2. _____

三、成语接龙。

朗	朗	上	口	☐	☐	☐	☐	传
☐	☐	怒	气	冲	冲			为
☐				☐				美
☐				☐				谈
勃	勃	机	生	☐	☐	☐	☐	

98

五年级

- **易错易混**: 生灵涂炭、直言不讳、政通人和、玲珑剔透
- **景象**: 国泰民安、太平盛世、万马齐喑
- **人体**: 手脚并用、牵肠挂肚、口耳相传、耳熟能详、喋喋不休、畏首畏尾
- **数字**: 千变万化、千真万确、一五一十
- **叠字**: 热气腾腾、姹紫嫣红、花花绿绿
- **典故**: 囫囵吞枣、熟能生巧、完璧归赵、负荆请罪
- **色彩**: 姹紫嫣红、花花绿绿
- 人寿年丰

完璧归赵

成语小课堂

【释义】 比喻把原物完好无损地归还原主。

【例句】 请放心，这件东西我一定会完璧归赵。

【近义词】 物归原主

【反义词】 有去无回

战国时，秦王想用十五座城池交换赵国收藏的珍宝——和氏璧。当时，赵国没有秦国强大，所以这件事让赵王很头疼：交出和氏璧吧，怕得不到城池；不交吧，又怕得罪秦国。左右为难之际，有人举荐了蔺相如，说他或许有办法。于是，赵王让蔺相如带着和氏璧去了秦国。

蔺相如献上和氏璧后，秦王很高兴，把和氏璧拿给左右美人和大臣们传看，交换城池的事情却只字不提。蔺相如看在眼里，知道秦王没有诚意，于是假装要给秦王指出玉璧中的瑕疵，

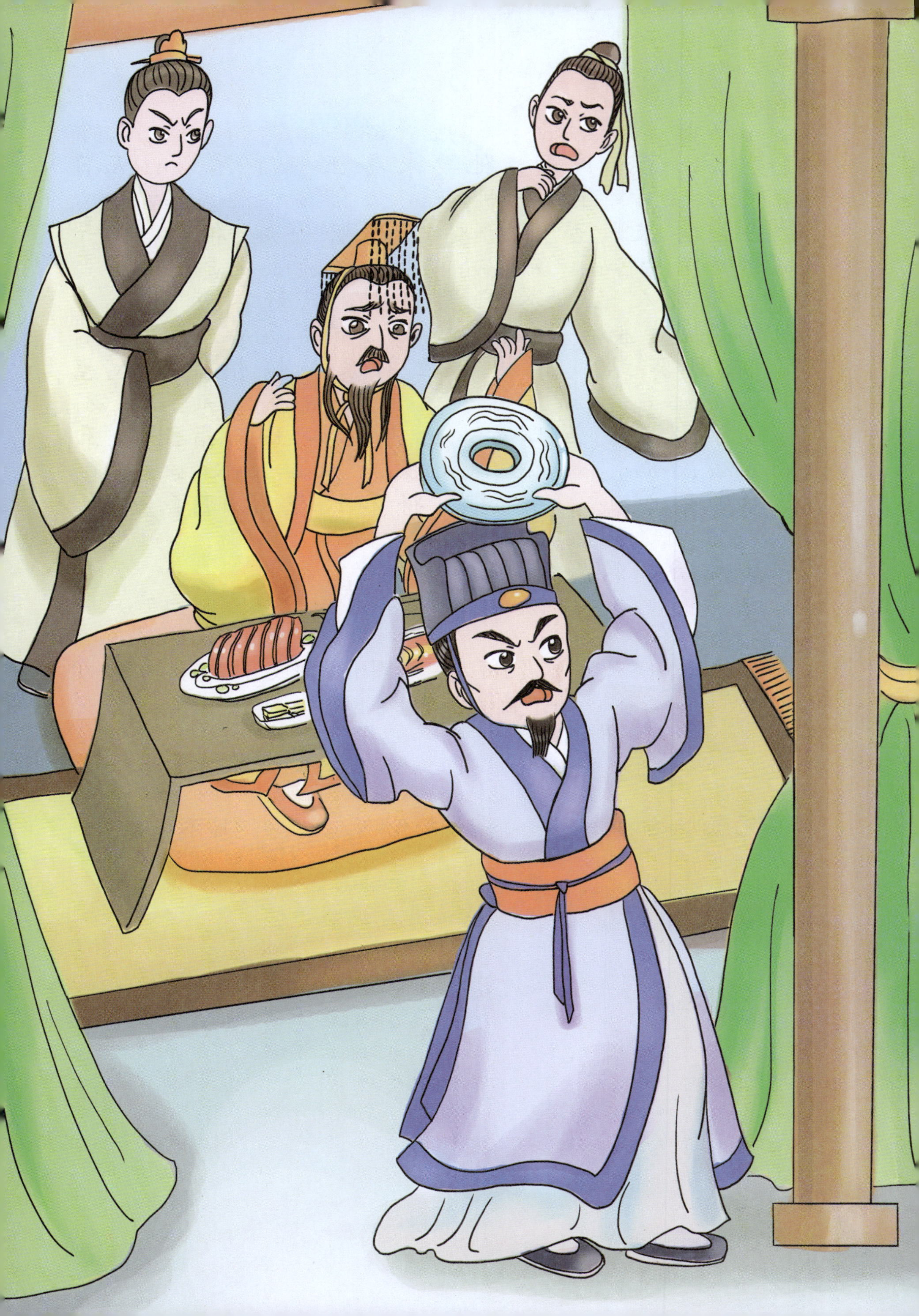

顺势拿回了和氏璧。他要求秦王斋戒沐浴，五日后他会再来；否则就要与玉璧一起撞在柱子上，璧毁人亡。秦王没办法，只好答应了。

回到驿站，蔺相如立刻派人悄悄把和氏璧送回了赵国。五日后，他再见秦王，指出秦王根本没有诚意，并说已将和氏璧送回了赵国。秦王无奈，只好作罢。

成语小医生。请圈出下面成语中的错别字，并把正确的成语写在下边。

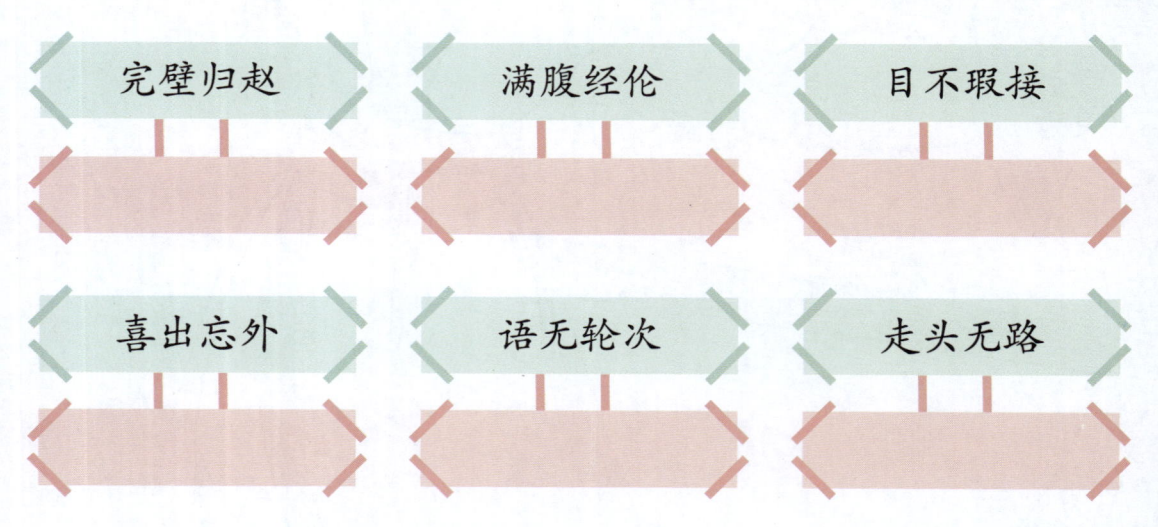

完璧归赵

满腹经伦

目不瑕接

喜出忘外

语无轮次

走头无路

负荆请罪

成语小课堂

【释义】负：背（bēi）着。荆：荆条，古代用来鞭打犯人的刑具。背着荆条，请求对方责罚。后形容主动认错赔罪。

【例句】上次多有得罪，今天我是来负荆请罪的。

【近义词】引咎自责

老将军廉颇曾率领赵国的军队打败了齐国，占领了阳晋，被赵王封为上卿。年轻谋士蔺相如因为带着"和氏璧"去秦国，最后完璧归赵，也被封为上卿。而且官位在廉颇之上。

廉颇很生气，想找机会羞辱蔺相如。蔺相如知道以后，为了避免冲突，每次看见了廉颇，他都会远远地躲开。

蔺相如的谋士们忍受不了了，纷纷劝说蔺相如："大人，您和廉颇都是上卿，廉颇说要羞

辱您,您却处处躲着他,您是怕他吗?"蔺相如问:"你们觉得,廉颇将军和秦王比起来,谁更可怕?"

"当然是秦王啦。"谋士们纷纷回答道。

"你们想想,我不怕秦王,反而怕廉颇吗?"蔺相如回答道。

"那你为什么要处处忍让廉颇啊?"众人一听,反而更奇怪了,纷纷问道。

蔺相如叹了一口气,说道:"秦国之所以不敢攻打我们赵国,还不是因为有我和廉颇将军两人在守卫赵国啊。如果我和廉颇将军真的争斗起来,必定会两败俱伤。那么秦国就会乘虚而入。我这是为了国家的利益而放弃了我个人的仇怨啊。"

负荆请罪

蔺相如与谋士的对话传到了廉颇的耳中。廉颇一听，明白了蔺相如的高义，心中很惭愧。于是，他赤裸着上身，身上背着荆条，亲自跑到蔺相如的门前道歉。而蔺相如则马上把廉颇的荆条扔到了一边，将其请进家中一起喝酒。从此，蔺相如和廉颇成为了**刎颈之交**，共同守卫着赵国。

成语游戏

成语门诊部。请找出下列成语中的错别字，并用"/"画掉。

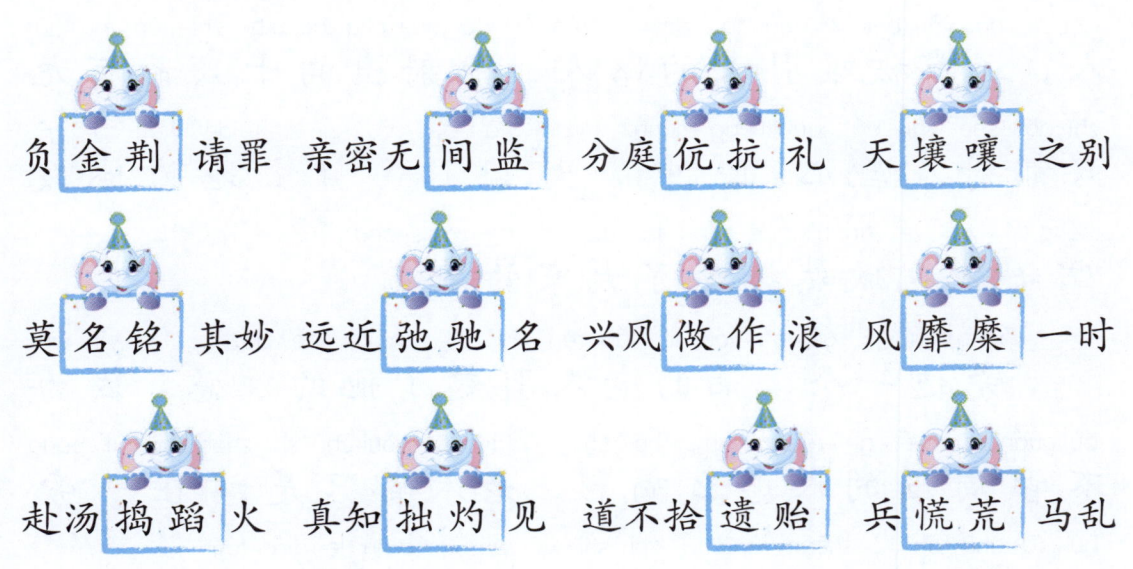

负 ~~金~~ 荆 请罪　　亲密无 ~~间~~ 监　　分庭 ~~伉~~ 抗礼　　天 ~~壤~~ 嚷 之别

莫名 ~~铭~~ 其妙　　远近 ~~弛~~ 驰 名　　兴风 ~~做~~ 作 浪　　风靡 ~~糜~~ 一时

赴汤 ~~捣~~ 蹈 火　　真知 ~~拙~~ 灼 见　　道不拾 ~~遗~~ 贻　　兵慌 ~~荒~~ 马乱

105

熟能生巧

成语小课堂

【释义】 熟练了就能产生巧办法，或找出窍门。

【例句】 接触新技术，还要刻苦地练习，一遍又一遍地巩固，这样才能达到目标，才能熟能生巧。

北宋时期的陈尧咨射技非常了得，很多人都夸赞他的精湛射艺，渐渐地，陈尧咨自己也开始膨胀起来。

有一天，陈尧咨在院子里射箭，周围有仆人，还有被吸引来的路人。他射出的十只箭有九只都射在靶心正中，大家不由自主地为他鼓掌，他也欣然接受了大家的赞赏。

旁边一个卖油的老人引起了他的注意，因为不管周围的人怎么喝彩，老人都只是站在一旁不发出任何声响，只是微微地点了点头。

熟能生巧

陈尧咨得意洋洋地走近卖油的老人,傲慢地问道:"我的射艺怎样?应该还不错吧?看你什么也没说,难道你也懂得射箭的技艺?"

卖油翁看着眼前这个非常自信的人,慢悠悠地说:"你射箭十支有九支射中,是熟练的缘故。"

"哼,射箭我还不知道吗?我周围懂得射箭的人至今还没人比得上我呢,你一个卖油的,竟然敢这样轻视我!"

卖油的老人仍然不动声色。"我不过是卖了这么多年的油,凭我倒油的经验而懂得其中的道理的。"说着,把自己随身携带的葫芦放在桌上，从兜里拿出一个外圆内方的钱币放在葫芦口上，然后慢慢地用勺子从油桶里舀起油倒入那个葫芦里。过了一会儿油已经装满了葫芦，老人把钱币拿起来看，钱一点都没被油沾湿。随后，人群中发出了惊叹声。卖油的老人还是只说了那句话："没什么，不过是因为我经常倒油，手熟练罢了。"

在一旁的陈尧咨有些尴尬地轻轻点着头，没有了刚才的**傲慢无礼**。

成语游戏

下面的成语接龙你都能填对吗？

熟	能	生	巧				夺	门	而
来	今					世	道		出
古							人		出
往							心		口
往	暗	来	明					耳	入

八仙过海，各显神通

成语小课堂

【释义】 相传八仙过海时不用舟船，各有一套法术。后比喻各自拿出本领或办法，各显身手。

【例句】 在面对节目组设置的种种障碍时，选手们八仙过海，各显神通，都轻而易举地通过了考验。

天庭正在为王母娘娘庆祝寿辰而忙碌准备着。受到邀请的八仙刚好**下凡修炼**归来，正要经过东海。

只见东海海面云雾缭绕，波涛汹涌，根本看不清方向。八个人打算用自己的宝物渡海，顺便显一显每个人宝物的厉害。

首先是铁拐李的葫芦。在汹涌的波涛上，他的葫芦像是**定海神针**一般将海水分开，葫芦的周边**风平浪静**，完全看不出是在东海的海面上。

汉钟离接着将芭蕉扇扔到东海上。大家眼

109

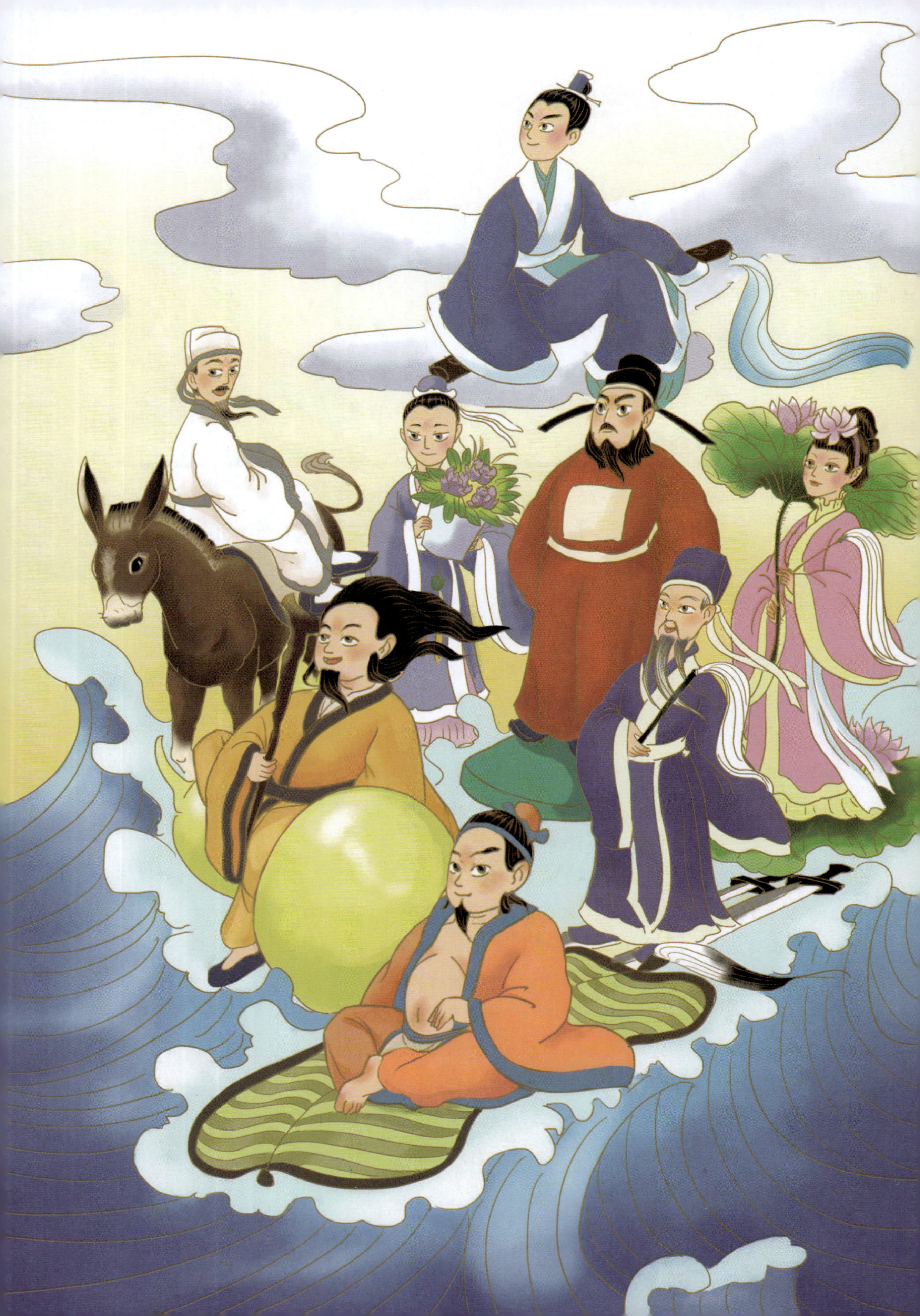

八仙过海，各显神通

见着巴掌大小的扇子变得越来越大，让云雾和巨浪都消失了，周围一片祥和安静。

其他几位仙人也纷纷各显神通：张果老倒骑着毛驴，海水自行开出一条路来；吕洞宾踏着雌雄宝剑，乘剑遨游在东海上；韩湘子先是坐在箫上，随着悠扬的箫声响起，他也飘然地立在了空中；何仙姑则是乘着荷花，缓缓轻盈地前进着；蓝采和站在拍板上；曹国舅踩着玉板。八位神仙就这样成功过海，到天庭赴宴。

成语游戏

巧填八字成语。下面都是八个字的成语，请将后半部分写在后面的空格内。

- 八仙过海
- 一着不慎
- 十年树木
- 养兵千日
- 眼观六路
- 近朱者赤
- 金玉其外
- 言者无罪

不拘一格

成语小课堂

【释义】 拘：拘泥。不局限于一种规格或方式。

【例句】 散文的表现方法自由灵活，不拘一格。

【近义词】 形形色色

【反义词】 如出一辙　千篇一律

"不拘一格"出自清朝著名思想家、文学家龚自珍参加镇江"赛神"庆典时，应百姓的要求所作的诗：

九州生气恃风雷，万马齐喑究可哀。

不拘一格

我劝天公重抖擞，不拘一格降人才。

生活在清朝后期的龚自珍目睹了清政府的种种黑暗和腐败，感到十分痛心，积极主张**改革自新**，却受到了严重的排挤和打击。于是，在为官20年后，48岁的龚自珍毅然辞官回乡。然而龚自珍并没有**心灰意冷**，他仍旧十分关心国家的命运。他的诗歌总是洋溢着积极乐观的精神和浓烈的爱国热情。

成语游戏

成语加减法。看看下面的等式都缺了关键的部分，让我们开动脑筋，完成等式。

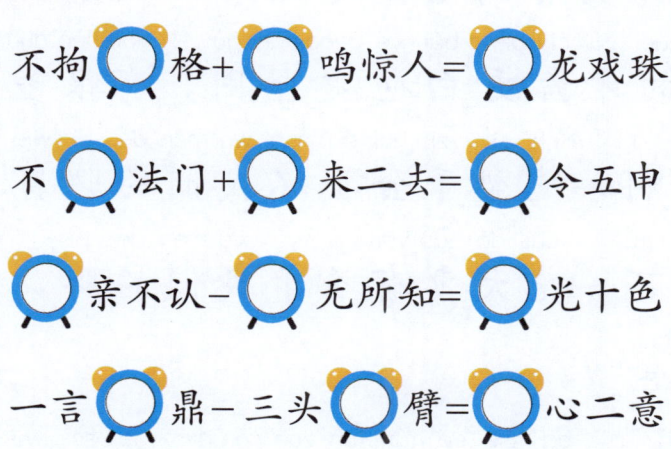

不拘〇格 + 〇鸣惊人 = 〇龙戏珠

不〇法门 + 〇来二去 = 〇令五申

〇亲不认 - 〇无所知 = 〇光十色

一言〇鼎 - 三头〇臂 = 〇心二意

囫囵吞枣

成语小课堂

【释义】囫囵：整个的、完整的。把枣整个儿吞下去。比喻学习等不加分析地全盘接受。

【例句】读书、学习要善于思考，囫囵吞枣、不求甚解会收效甚微。

【近义词】生吞活剥

【反义词】析毫剖厘　条分缕析

一群人聚会的时候，大家吃着可口多汁的梨子，有人喝着美酒，还有人吃着肉食。有个看似奇怪的人站在一旁，不吃梨子，也不吃其他食物。他的朋友看到了，走近对他说："吃梨子可以使我们的牙齿更白也更坚固，有很多好处。"

"不是啊，吃梨子会损坏我们的脾胃。"

"不不不，吃大枣有益于我们的脾，但会损坏我们的牙齿。"

大家七嘴八舌地谈论着眼前的食物，都有各

自不同的理解和观点。

正当大家讨论得起劲的时候,一个声音从人群中冒了出来:我想到了一个**两全其美**的办法,既能让我们吃到美味的梨子和枣子,又能让我们的牙齿更白更坚固,脾胃更强健。

大家都很好奇,想知道到底是什么办法。

那个奇怪的人面带微笑说道:"只要我们吃梨子的时候使劲咀嚼,将所有汁水嚼出后吞下,再将嘴里剩余的渣吐完,这样对我们的牙齿不是很好吗,也不会损伤我们的脾胃。吃大枣的时候,不要急着咀嚼,入口立即咽下去就行了。不用嚼当然就不会损伤牙齿,吞下去的枣子也能够滋养我们的脾胃。"说完似乎还意犹未尽，期待有人附和他的观点。

有个向来幽默的人开口说道："那到底是嚼还是不嚼呢？难道如你所说，将枣子整个吞到肚子里去就可以吸收大枣的全部营养了吗？"

有人大笑着说道："万一还没等枣子吞到肚子里，自己就被卡住了，吞不下去又吐不出来的时候，岂不是**得不偿失**了！"

他们的话引得旁边的人哈哈大笑，前仰后合。

成语游戏

你发现成语里也有我们日常食用的各种水果了吗？请用水果的名称将下面的成语补充完整。

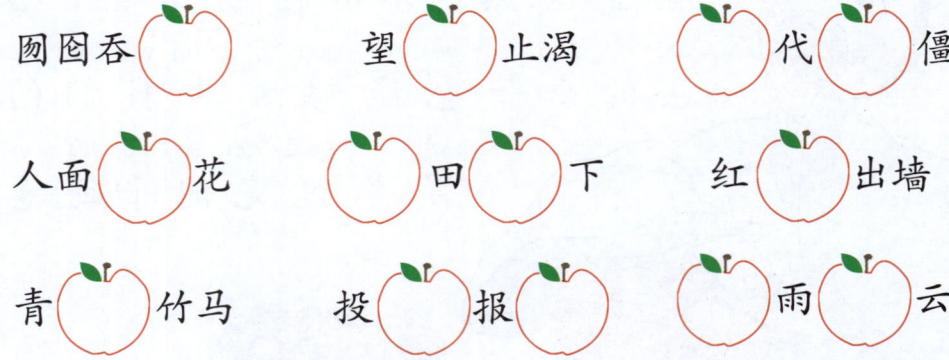

囫囵吞〇　　望〇止渴　　〇代〇僵

人面〇花　　〇田〇下　　红〇出墙

青〇竹马　　投〇报〇　　雨〇云〇

各有所长

成语小课堂

【释义】 各有各的长处。

【例句】 参会人员各有所长，互不妥协，最后大会也闹得不欢而散。

【近义词】 各有千秋

【反义词】 众口一词　异口同声

甘茂是战国时期秦国有名的谋士，在他出使齐国游说齐国国君时，路上遇到一条大河。他看到岸边有几条小船。甘茂走过去开心地和船夫讲明自己此行的目的，希望船夫能够帮助自己过河。

船夫嘲笑道："你那么厉害，还害怕过不了这条小河吗？你如果连河都过不了，还凭借什么为我们秦国去游说齐王呢？！"

只听甘茂慢条斯理地说：

"不同的事物都有它自己的长处和短处，拿别人的短处和自己的长处相比，没有可比性。比

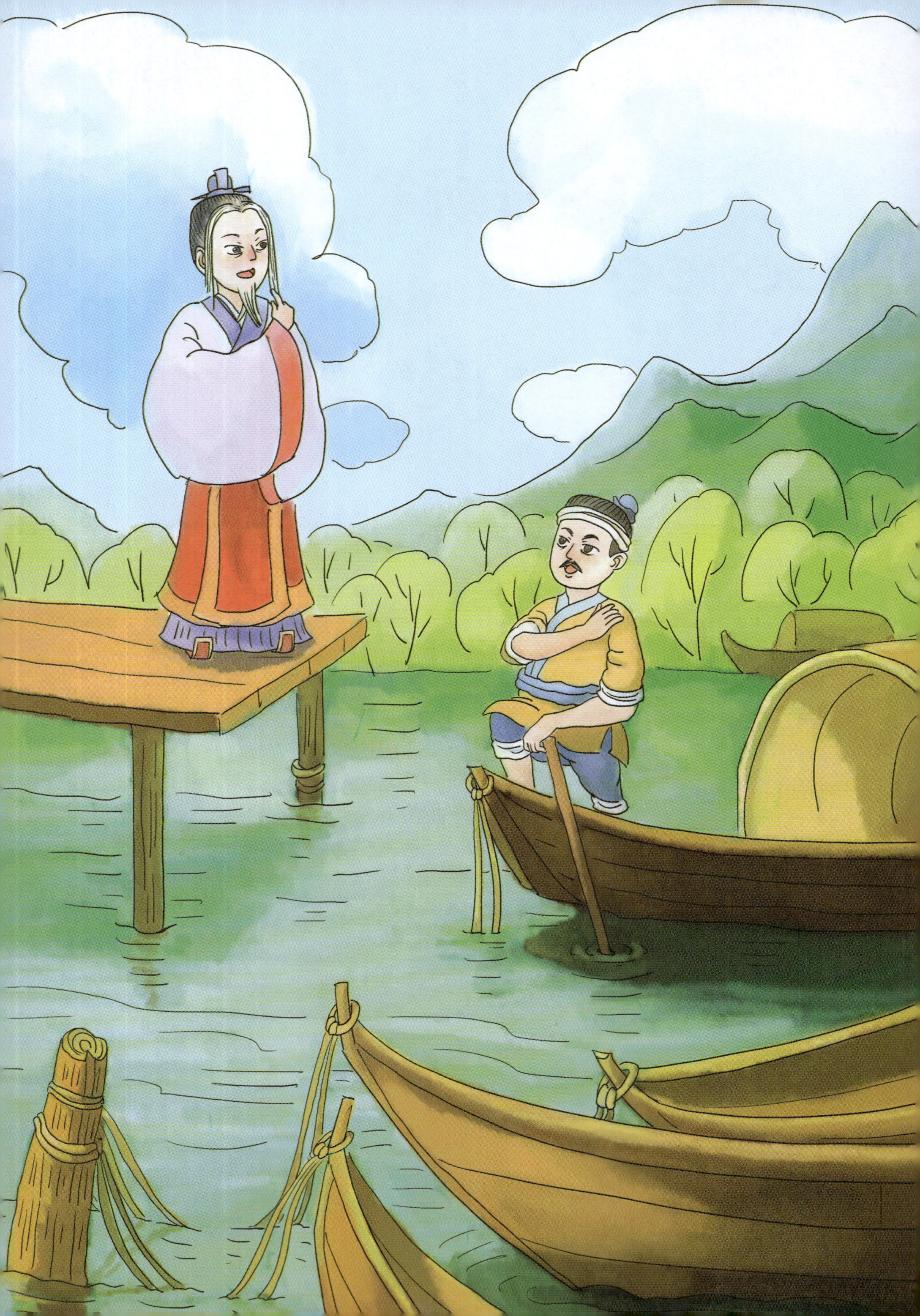

各有所长

如说:"如果你让日行千里的好马留在宫廷中捕捉老鼠,那它还不如小猫呢!现如今,您是船夫,划船是您的长处,划船的本领,我当然不如您。但是,如果让您去游说他国的国君,您可能就不如我。"

船夫听完后,恭敬地将甘茂请到船上,帮他过了河。

成语游戏

请用"大、小、长、短"补充完整下面的成语。

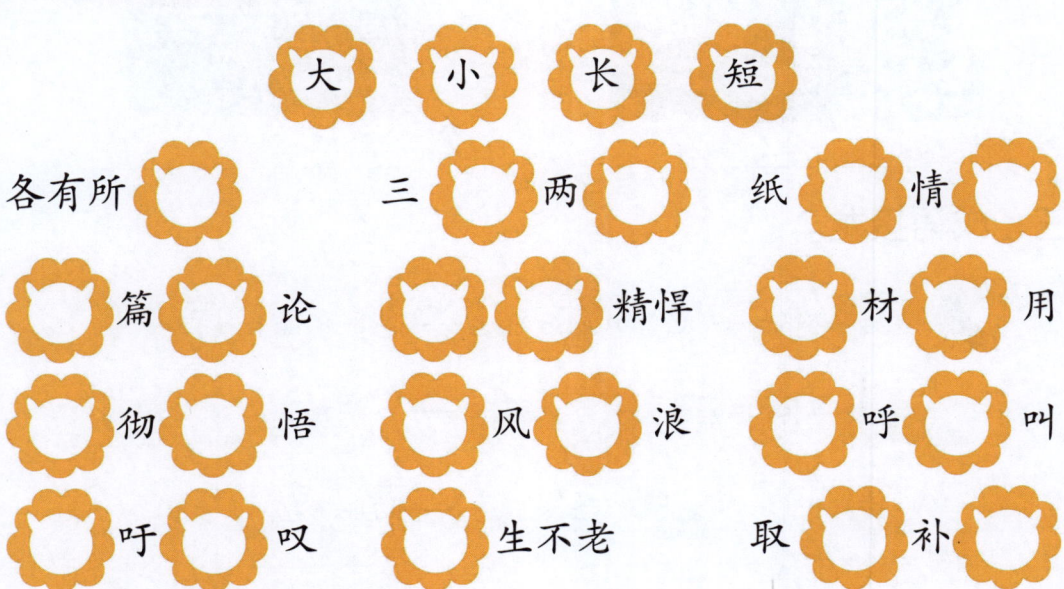

大　小　长　短

各有所○　　三○两○　　纸○情○

○篇○论　　○○精悍　　○材○用

○彻○悟　　风○浪○　　○呼○叫

○吁○叹　　○生不老　　取○补○

练一练

一、看拼音，写成语。

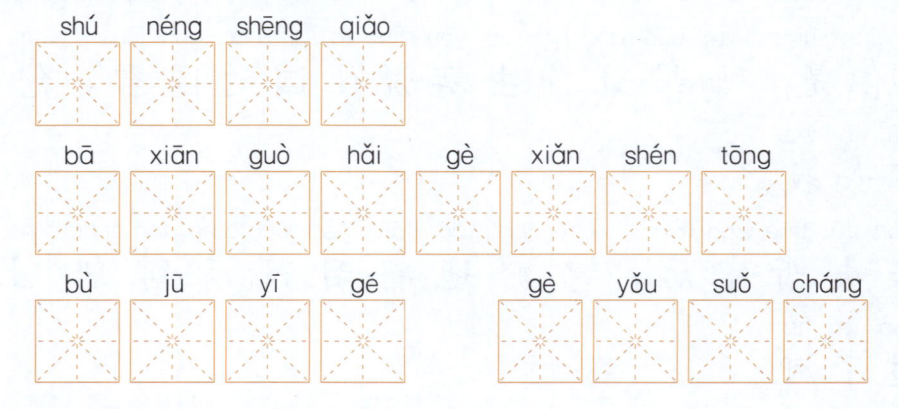

shú　néng　shēng　qiǎo

bā　xiān　guò　hǎi　gè　xiǎn　shén　tōng

bù　jū　yī　gé　　　gè　yǒu　suǒ　cháng

二、看图猜成语。

1. _____　　2. _____

三、成语接龙。

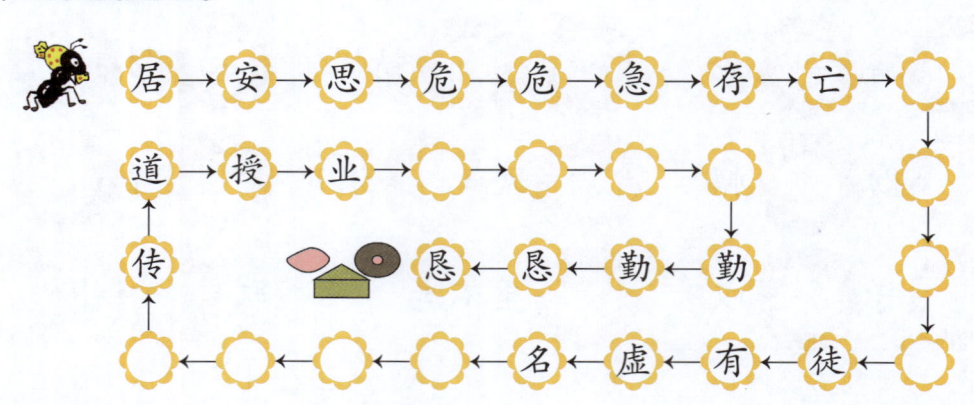

居→安→思→危→危→急→存→亡→○
↓
道→授→业→○→○→○→○
↑　　　　　　　　　　　　　↓
传　　　　　　恳→恳→勤→勤
↑　　　　　　　　　　　　　↓
○←○←○←名←虚←有←徒←○

120

六年级

- 气象
  - 骄阳似火
  - 画龙点睛
  - 寒风呼啸
  - 清风朗月
  - 天寒地冻
- 情绪
  - 满腔怒火
  - 怒气冲冲
  - 心平气和
  - 惊恐万分
  - 心满意足
  - 指手画脚
  - 心惊肉跳
  - 轻手轻脚
- 动物
  - 马马虎虎
  - 脱缰之马
  - 龙凤呈祥
- 人体
- 典故
  - 高山流水
  - 鞠躬尽瘁
  - 伯牙绝弦
- 数字
  - 三番五次
  - 一尘不染
  - 一丝不苟
  - 千钧一发
  - 365天
- 叠字
  - 念念有词
  - 滔滔不绝
  - 虎视眈眈
  - 锲而不舍
  - 埋头苦干
  - 形形色色
- 品德
  - 勇往直前
  - 坚强不屈

粉身碎骨

成语小课堂

【释义】 身躯粉碎。指丧失生命。多指为某种目的而丧生。

【例句】 为了人民的利益,粉身碎骨我也在所不惜。

【近义词】 肝脑涂地

于谦是明朝名臣。他少年时期就志向高远,敬慕抗击元军的英雄文天祥的气节。

土木之变时明英宗被瓦剌军俘虏,于谦为国家安危考虑,拥立郕王朱祁钰为帝,并临危受命,出任兵部尚书。他率领主战军

粉身碎骨

民打响了北京保卫战，迫使瓦剌放回了明英宗。后来朱祁钰病危，被囚禁的明英宗在他人支持下发动了"夺门之变"，复辟成功，登上帝位。当天明英宗便把于谦逮捕入狱。随后于谦被押往崇文门外斩首。

于谦在《石灰吟》中写道：千锤万凿出深山，烈火焚烧若等闲。粉骨碎身全不怕，要留清白在人间。于谦的一生就如同这首诗一样，坦坦荡荡，清清白白，堪与日月同辉。

成语游戏

动脑筋，填成语。在空白处填入含义相近的字，把成语补充完整。

　　□身□骨　　□思□想　　聚□会□

　　国□民□　　强□豪□　　眼□手□

　　左□右□　　分□秒□　　心□手□

　　□神□煞　　海□石□　　深□熟□

鞠躬尽瘁

成语小课堂

【释义】 鞠躬：弯着身子，引申为恭敬谨慎的样子。瘁：劳累。小心谨慎、不辞劳苦地贡献自己的一切。

【例句】 焦裕禄为了党的事业和人民的利益鞠躬尽瘁。

诸葛亮是三国时期的政治家。刘备"三顾茅庐"后，他就出山跟随刘备打天下，帮助刘备创建了蜀汉政权，做了丞相。后来，刘备临死前在白帝城把刘禅托付给诸葛亮，由他辅佐后主刘禅治理蜀国。

刘禅昏庸，只知享乐，继位后，国家军政大事全由诸葛亮一手裁决。诸葛亮东边和东吴交好，北边抗拒曹操的入侵，南边深入不毛之地去讨伐孟获，积极准备讨伐曹魏的战争。

诸葛亮出师北伐前写下著名的《出师表》，劝说刘禅亲近贤臣，远离小人。北伐失败后，

鞠躬尽瘁

他日夜操练部队准备再战。第二年，诸葛亮再度北伐。他再次上表刘禅，在《后出师表》中写道："臣鞠躬尽瘁，死而后已。"意思是说，我一定勤勤恳恳，不辞劳苦，谨慎办事，为国家竭

彩绘版

jìn quán lì　 zhì sǐ fāng xiū
尽全力，至死方休。

zhū gě liàng duō cì běi fá　 zuì hòu bìng shì zài wǔ zhàng yuán　zhēn
诸葛亮多次北伐，最后病逝在五丈原，真
zhèng zuò dào le wèi shǔ guó jū gōng jìn cuì　 sǐ ér hòu yǐ
正做到了为蜀国鞠躬尽瘁，死而后已。

成语游戏

下面的成语接龙你都能填对吗？

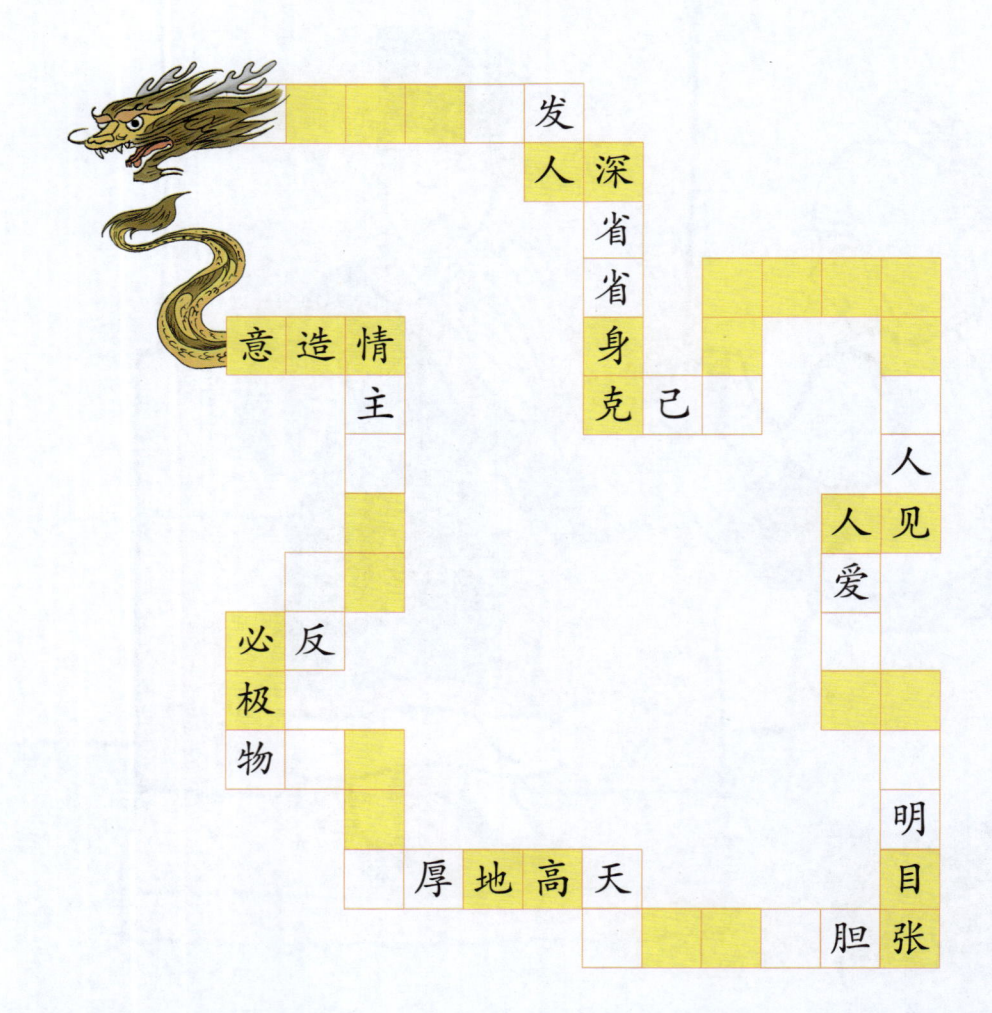

发
人 深
省
省 身
意 造 情　　　　克 己
主
人
人 见
爱
必 反
极
物
明
厚 地 高 天　　　目
胆 张

画龙点睛

成语小课堂

【释义】比喻作文或说话时在关键地方加上精辟的语句，使内容更加生动传神。

【例句】最后这段话十分精彩，在文中起到了画龙点睛的作用。

【近义词】锦上添花

【反义词】弄巧成拙　画蛇添足　多此一举

有一次，梁武帝想把金陵的安乐寺装修一番，于是找到大画家张僧繇，命令他在寺庙的墙壁上画几条长龙。

张僧繇一到安乐寺便拿起画笔开始作画。金陵的人得知了张僧繇到安乐寺画龙的消息，每天都有一群人赶来围观。没过几天，张僧繇便完工了。墙壁上四条长龙腾云驾雾，个个张牙舞爪，活灵活现地盘旋在云层中。人们啧啧称奇。

突然，人群中有人大喊："快看，这些龙都没

有眼珠。"众人仔细一瞧，还真没有眼珠。于是大家闹哄哄地说："张大师，这些龙怎么没有眼珠啊？你快用画笔把它们的眼珠子补上吧。"

听到这，张僧繇慌忙站出来解释道："不是我不想给龙画上眼珠，而是一旦点上眼珠，这些龙都会飞走的。"

大家听后哄堂大笑，谁都不相信张僧繇这个解释，这墙上画的龙怎么会飞走呢？大家继续催促着。最后，张僧繇只好答应给龙"点

画龙点睛

睛"。张僧繇小心翼翼地拿起画笔，往第一条龙的眼眶里点上了眼珠，紧接着，他又给第二条龙点上了眼珠。突然，狂风大作，电闪雷鸣，刚才的晴空万里瞬间变成了乌云密布。只见已经画上眼珠的两条龙在墙壁内翻滚着，一道白色的闪电划破了天空，两条蛟龙震破墙壁腾空而起，一转眼便飞到天上去了。而那两条没画上眼珠的龙，则安然无恙地躺在墙壁中。

人们吓得目瞪口呆，不敢相信眼前这一幕。

成语游戏

请将十二生肖的名称填入下面的空格处，将成语补充完整。

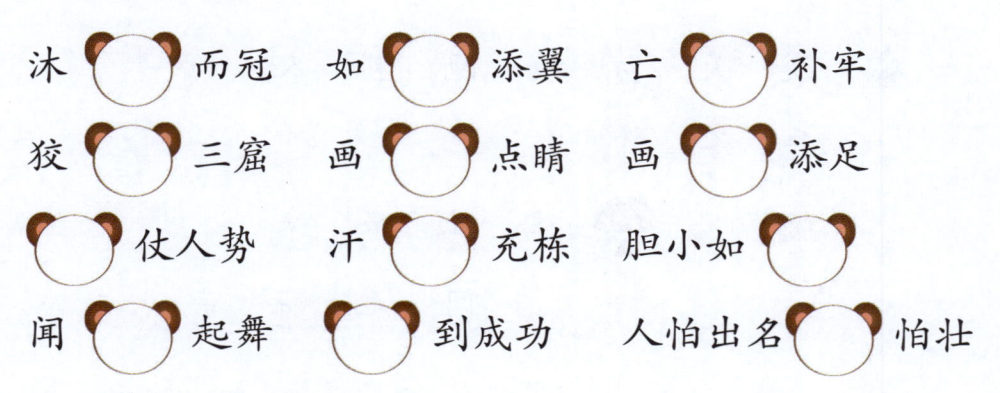

沐〇而冠　　如〇添翼　　亡〇补牢

狡〇三窟　　画〇点睛　　画〇添足

〇仗人势　　汗〇充栋　　胆小如〇

闻〇起舞　　〇到成功　　人怕出名〇怕壮

129

练一练

一、看拼音，写成语。

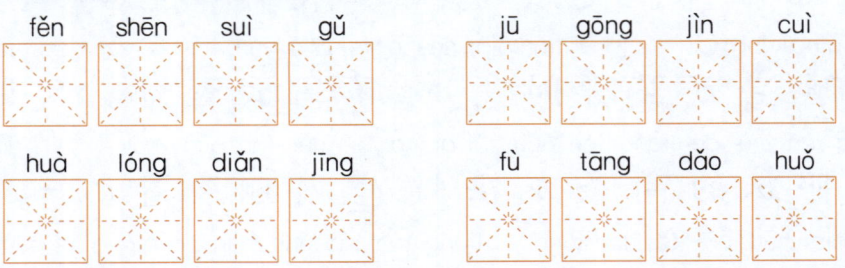

fěn	shēn	suì	gǔ

jū	gōng	jìn	cuì

huà	lóng	diǎn	jīng

fù	tāng	dǎo	huǒ

二、在括号里填上合适的动物名，补全成语，并比较这些动物的大小，在横线上画上 ">" "<" 或 "=" 符号。

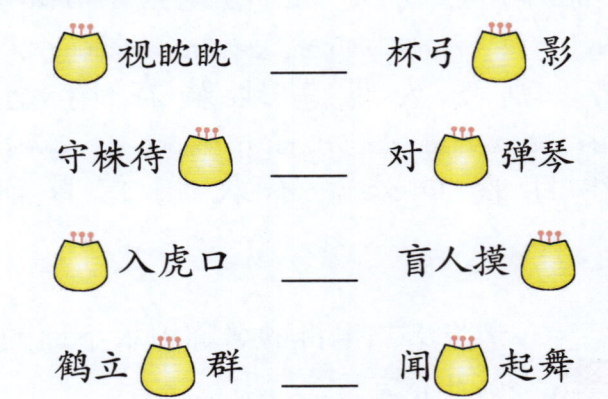

( )视眈眈 ____ 杯弓( )影

守株待( ) ____ 对( )弹琴

( )入虎口 ____ 盲人摸( )

鹤立( )群 ____ 闻( )起舞

三、成语接龙。

震 天 动 地　地 利 人 和　☐

兵 之 计　☐ ☐ ☐ ☐ ☐

缓 🍄 往　往 来 来 ☐

☐ ☐ ☐　间 无 密 亲 ☐

参考答案

一年级

P4 竿 杨 发 花 胜 挠 闻 里

P7 齿→耻 兴→新 山→三 花→华 奋→愤 颜→言

P8 练一练

一、山清水秀 日积月累 万众一心 和风细雨 鸟语花香 七上八下

二、1. 百花齐放 2. 鸟语花香

三、白 家 亡 牢 破 笑 刀 海 清 月 高

二年级

P12 1. 击 剑 击剑　　2. 语 文 语文
　　　3. 地 理 地理　　4. 数 学 数学

P14 零 一 二 三 四 五 六 七 八 九 十

P17

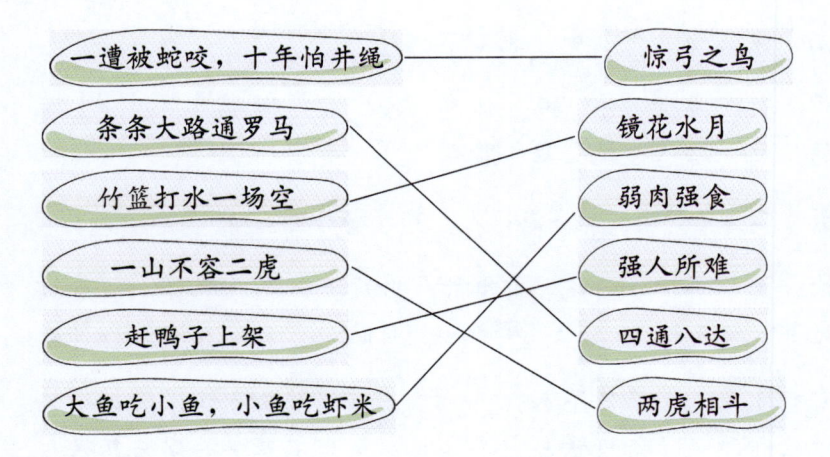

一遭被蛇咬，十年怕井绳 —— 惊弓之鸟
条条大路通罗马 —— 四通八达
竹篮打水一场空 —— 镜花水月
一山不容二虎 —— 两虎相斗
赶鸭子上架 —— 强人所难
大鱼吃小鱼，小鱼吃虾米 —— 弱肉强食

P19 马 想 蛙 宝 鸟 急 长 客 言

P22 鼠 牛 虎 兔 龙 蛇 马 羊 猴 鸡 狗 猪

131

P25

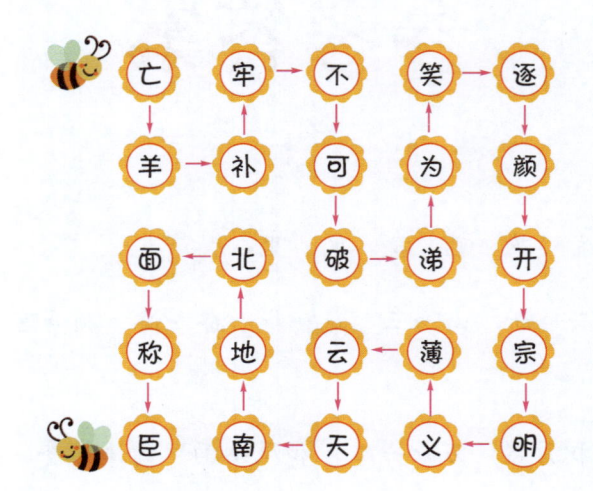

亡→牢→不→笑→逐
↑　　　　　　　　　↓
羊←补←可←为←颜
↓　　　　　　　　　↑
面→北→破→递→开
↑　　　　　　　　　↓
称←地←云←薄←宗
↓　　　　　　　　　↑
臣→南→天→义→明

P29 揠苗助长：农夫　守株待兔：农夫
掩耳盗铃：小偷　对牛弹琴：琴师

P30 练一练

一、冰天雪地　山穷水尽　风平浪静　兴高采烈　赏心悦目　山高路远

二、1. 东张西望　2. 胆小如鼠

三、志　远　前　有　眼　快　鞭　及　乐　悲　合

三年级

P34 兔　悲　绝　明　花　绿　山　低　气　河　干

P37 南　东　西　北　中　北　下　外

P40 步 行　步行　休 息　休息　漫 步　漫步
转 悠　转悠　跳 舞　跳舞

P43 数　二　金　名　川　息　人　沸　扬　去　精

P46 掩耳——盗铃　　面红——耳赤　　洗耳——恭听
充耳——不闻　　耳闻——目睹　　耳濡——目染

P49 自相矛盾——格格不入　　摇摇欲坠——风雨飘摇
心心相印——情投意合　　生生不息——周而复始
沾沾自喜——洋洋得意

P52 最多余的举动——画蛇添足　　最大的改变——翻天覆地

参考答案

最快的速度——一日千里　　最远的地方——天涯海角

最反常的气候——晴天霹雳　　最短的季节——一日三秋

最难做的饭——无米之炊

P55　天　设　地　长　月　容　发　大　用　苦　来

P59　娃→蛙　晴→睛　劳→牢　部→步　社→蛇　芋→竽　免→兔　祝→助

P62

捕	风	返	老	刀	光	剑	童
捉	影	是	见	影	含	影	目
牢	非	立	竿	笔	沙	下	言
羊	千	点	不	辨	射	明	杯
还	重	浮	光	云	影	补	弓
石	释	影	掠	返	聪	影	蛇

P65

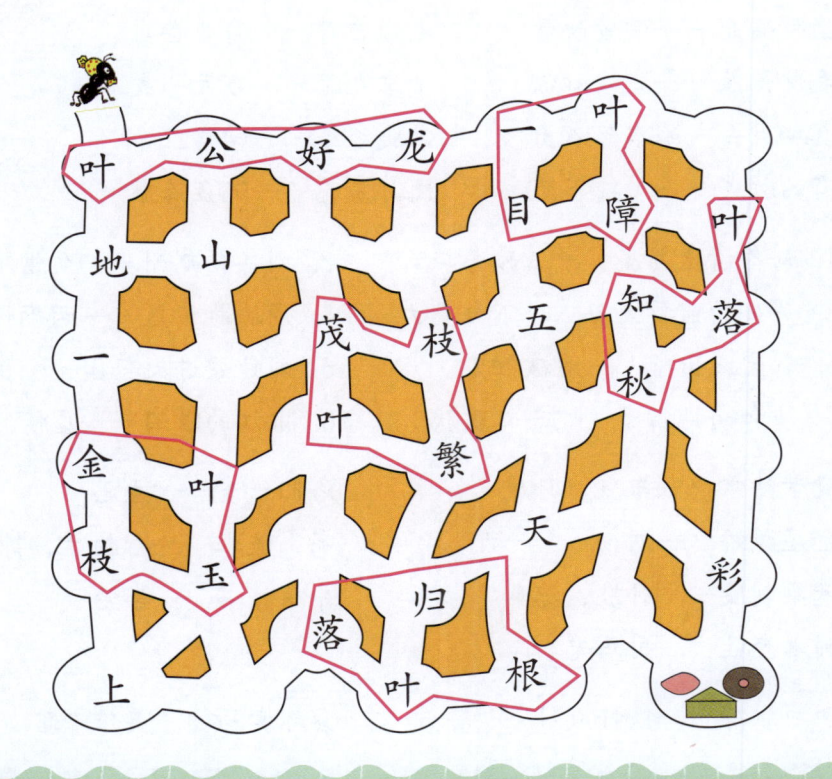

P66 练一练

一、鸦雀无声 忐忑不安 寸步难行 丢三落四 津津有味 窃窃私语

二、1. 五谷丰登 2. 虎口逃生

三、行 水 接 断 义 天 设 地 长 月 容

四年级

P70 织女 女娲 天将 无缝 逐日 填海 愚公 羿 九 天 地
八仙 神通

P73 火 日 水 火 月 水 月 水 月 火 火 火 日 月

P76 精忠报国——岳飞 代父从军——花木兰 闻鸡起舞——祖逖
图穷匕见——荆轲 投笔从戎——班超 卧薪尝胆——勾践

P79 私心杂念 忘年之交 言不尽意 发愤图强 理直气壮

P82 阿 脚 索 塌 实 翼 舞 染 亲 舟 次 笑 水 涌 彩 成
交 戏 场 圆

P85 凿壁借光——囊萤映雪 毛遂自荐——自告奋勇
毛骨悚然——胆战心惊 十拿九稳——万无一失
真相大白——水落石出 满腹经纶——学富五车
有的放矢——对症下药 闭月羞花——沉鱼落雁

P88 1. 刘备请诸葛亮——三顾茅庐 2. 刘备借荆州——久借不还
3. 关公面前耍大刀——不自量力 4. 周瑜打黄盖——两厢情愿
5. 贾宝玉出家——看破红尘 6. 刘姥姥进大观园——少见多怪
7. 沙和尚挑担子——忠心耿耿 8. 宋江的眼泪——虚情假意

P91 囊萤映雪——车胤、孙康 洛阳纸贵——左思
金屋藏娇——刘彻 高山流水——俞伯牙、钟子期
悬梁刺股——孙敬、苏秦 牛角挂书——李密
圆木警枕——司马光

P94 李白学诗——铁杵成针 秦琼卖马——英雄末路

李世明开言路——从谏如流　　赵括打仗——纸上谈兵

刘禅在魏国——乐不思蜀　　草船借箭——满载而归

P97 雪　风　雨　霜　风　风　风　风　雨　雪　雪　雪　风　雪　风　雨

雨　风　霜　雪　霜　风　雨

P98 练一练

一、钻木取火　尽忠报国　铁面无私　凿壁借光

　　铁杵成针　程门立雪

二、1. 三头六臂　2. 彬彬有礼

三、口耳相传　谈笑风生　勃然大怒　冲锋陷阵

五年级

P102 完壁归赵——完璧归赵　　满腹经伦——满腹经纶

目不瑕接——目不暇接　　喜出忘外——喜出望外

语无轮次——语无伦次　　走头无路——走投无路

P105

负（金）荆　请罪　　亲密无（监）间　　分庭（优）抗礼　　天壤（嚷）之别

莫（名）其妙　　远近（弛）驰名　　兴风（做）作浪　　风靡（糜）一时

赴汤（捣）蹈火　　真知（拙）灼见　　道不拾（贴）遗　　兵慌（荒）马乱

P108 巧取豪夺　耳聪目明　今生今世　心惊肉跳

P111 八仙过海——各显神通　　一着不慎——满盘皆输

十年树木——百年树人　　养兵千日——用兵一时

135

眼观六路——耳听八方　　　近朱者赤——近墨者黑

金玉其外——败絮其中　　　言者无罪——闻者足戒

P113　一 一 二，二 一 三，六 一 五，九 六 三

P116　枣 梅 李 桃 桃 瓜 李 杏 梅 桃 李 杏 梨

P119　长 长 短 短 长 长 大 短 小 大 小 大 大 大 大
　　　　小 长 短 长 长 短

P120　练一练

一、熟能生巧　八仙过海，各显神通　不拘一格　各有所长

二、1. 桃园结义　2. 诗情画意

三、亡命之徒　名不虚传　业精于勤

六年级

P123　粉 碎 胡 乱 精 神 泰 安 取 夺 疾 快 顾 盼 争 夺
　　　　灵 巧 凶 恶 枯 烂 思 虑

P126　意气风发　己所不欲，勿施于人　爱憎分明　胆大包天　厚德载物
　　　　反客为主

P129　猴 虎 羊 兔 龙 蛇 狗 牛 鼠 鸡 马 猪

P130　练一练

一、粉身碎骨　鞠躬尽瘁　画龙点睛　赴汤蹈火

二、虎＞蛇　兔＜牛　羊＜象　鸡＝鸡

三、和蔼可亲　间不容缓　计上心来

136

附录

课本里的成语汇总

一年级上册

山清水秀　柳绿桃红　日积月累　东西南北　一年之计在于春
一寸光阴一寸金　万众一心　种瓜得瓜，种豆得豆
前人栽树，后人乘凉　千里之行，始于足下　百尺竿头，更进一步

一年级下册

万里无云　春回大地　柳绿花红　莺歌燕舞　百花齐放　各种各样
桃花潭水　和风细雨　鸟语花香　一清二白　竹篮打水　七上八下
十字路口　敏而好学　不耻下问　读书百遍，其义自见
读万卷书，行万里路　妖魔鬼怪　千门万户

二年级上册

四海为家　冰天雪地　十年树木，百年树人　叶落归根
己所不欲，勿施于人　言而有信　含苞欲放　百花争艳　春色满园
四面八方　更上一层楼　山穷水尽　烟消云散　名山大川
奇形怪状　一枝独秀　名不虚传　百闻不如一见　隐隐约约
五光十色　欢声笑语　流连忘返　清风明月　无边无际　得过且过
自言自语　不言不语　只言片语　三言两语　千言万语　豪言壮语
少言寡语　甜言蜜语　刻舟求剑　安居乐业　三过其门而不入
有志者事竟成　穷且益坚　青云之志　云开雾散　风雨交加
寒风刺骨　鹅毛大雪　电闪雷鸣　狐假虎威　神气活现　摇头摆尾
半信半疑　东张西望　大摇大摆　风和日丽　风平浪静　风调雨顺
狼吞虎咽　龙飞凤舞　鸡鸣狗吠　惊弓之鸟　漏网之鱼　害群之马
胆小如鼠　如虎添翼　如鱼得水

二年级下册

草长莺飞　梳妆打扮　躲躲藏藏　绚丽多彩　五颜六色　碧空如洗
引人注目　兴致勃勃　野火烧不尽，春风吹又生　意想不到
恋恋不舍　锦上添花　雪中送炭　炎黄子孙　奋发图强　繁荣昌盛
大街小巷　牛郎织女　九霄云外　弯弯曲曲　高高兴兴　不好意思
昏头昏脑　摇摇晃晃　兴高采烈　亡羊补牢　揠苗助长　结结实实
筋疲力尽　老老实实　和颜悦色　视而不见　赏心悦目　连蹦带跳
眉开眼笑　破涕为笑　捧腹大笑　一动不动　刨根问底
九牛二虎之力　生机勃勃　尽心竭力　与世隔绝　笨手笨脚
色彩斑斓　一望无边　反反复复　羿射九日　慌慌张张　救死扶伤
山高路远　万水千山

三年级上册

糊里糊涂　鸦雀无声　摇头晃脑　披头散发　张牙舞爪　提心吊胆
面红耳赤　手忙脚乱　眼疾手快　口干舌燥　橙黄橘绿　五彩缤纷
春光明媚　忐忑不安　秋高气爽　天高云淡　一叶知秋　五谷丰登
春华秋实　争先恐后　喜怒哀乐　寸步难行　无奇不有　百发百中
百战百胜　百依百顺　四通八达　四平八稳　七嘴八舌　七手八脚
人心齐，泰山移　二人同心，其利断金　三个臭皮匠，顶个诸葛亮
细雨如丝　淡妆浓抹　呢喃细语　汹涌澎湃　波澜壮阔　井然有序
千姿百态　雨后春笋　超凡脱俗　上上下下　分门别类　气焰嚣张
当头一棒　争分夺秒　丢三落四　目瞪口呆　耳闻目睹

三年级下册

光彩夺目　挨挨挤挤　翩翩起舞　严丝合缝　守株待兔　南辕北辙
相提并论　和睦相处　翻来覆去　迫不及待　不慌不忙　痛痛快快
没精打采　灰心丧气　虎口逃生　滔滔滚滚　无忧无虑　忙忙碌碌
源源不断　津津有味　邯郸学步　滥竽充数　掩耳盗铃　自相矛盾

附　录

画蛇添足	杞人忧天	井底之蛙	杯弓蛇影	发人深省	叶公好龙
雷电交加	似曾相识	代代相传	历久弥新	学富五车	清清楚楚
活灵活现	来来往往	琴棋书画	望闻问切	窃窃私语	争奇斗艳
昙花一现	确确实实	气喘吁吁	夺门而出	规规矩矩	耿耿于怀
多才多艺	人谁无过	无穷无尽	千千万万	物产丰富	一模一样
恍恍惚惚	人见人爱	兵来将挡	水来土掩	不入虎穴，	焉得虎子
眼见为实，	耳听为虚	近朱者赤，	近墨者黑	人山人海	各式各样
翻山越岭	走南闯北	晕头转向	善罢甘休	健步如飞	

四年级上册

人声鼎沸	浩浩荡荡	山崩地裂	无处不在	摇摇欲坠	心旷神怡
锣鼓喧天	震耳欲聋	响彻云霄	低声细语	悄无声息	横七竖八
呼风唤雨	出乎意料	腾云驾雾	好问则裕	庐山真面目	随遇而安
精疲力竭	精卫填海	愤愤不平	钻木取火	茹毛饮血	惊慌失措
爱憎分明	惩恶扬善	上天入地	神机妙算	各显神通	三头六臂
神通广大	未卜先知	碧海青天	熠熠生辉	形影不离	摇摇摆摆
雨过天晴	通情达理	哄堂大笑	接连不断	垂头丧气	顾名思义
重整旗鼓	不甘人后	得心应手	不伦不类	一丝一毫	不败之地
设身处地	自由自在	尺有所短	寸有所长	机不可失	
差之毫厘，	谬以千里	病从口入，	祸从口出	一言既出，	驷马难追
比上不足，	比下有余	万里长征	为之一振	热闹非凡	左顾右盼
干干净净	深居简出	随时随地	斩钉截铁	志存高远	精忠报国
大义凛然	视死如归	铁面无私	刚正不阿	面如土色	一声不响
深入骨髓	无能为力	聚精会神	凿壁借光	三顾茅庐	心急如焚
胆战心惊	魂飞魄散	喜出望外	手舞足蹈	热泪盈眶	欣喜若狂
长途跋涉	眉清目秀	亭亭玉立	明眸皓齿	文质彬彬	相貌堂堂
威风凛凛	膀大腰圆	短小精悍	鹤发童颜	慈眉善目	老态龙钟

139

四年级下册

天高地阔	车水马龙	依山傍水	鸡犬相闻	前俯后仰	五彩斑斓
点睛之笔	天之骄子	九天揽月	勃勃生机	奇思妙想	古木参天
苍翠欲滴	姗姗来迟	白雪皑皑	朗朗上口	变化多端	颤颤巍巍
大模大样	从容不迫	扬长而去	空空如也	不胜其烦	慢条斯理
耀武扬威	神清气爽	金碧辉煌	铁杵成针	不约而同	悬梁刺股
程门立雪	手不释卷	一片冰心	葬身鱼腹	势不可当	失魂落魄
舍己救人	镇定自若	纹丝不动	临危不惧	彬彬有礼	自强不息
怨天尤人	生于忧患，	死于安乐	不可一世	坐井观天	学海无涯

五年级上册

美中不足	姹紫嫣红	神气十足	不动声色	朴实无华	完璧归赵
负荆请罪	难以置信	一夫当关，	万夫莫开	熟能生巧	不计其数
左右为难	奋不顾身	喋喋不休	悠然自得	千真万确	勤勤恳恳
花花绿绿	一五一十	富丽堂皇	天兵天将	气急败坏	畏首畏尾
望眼欲穿	直言不讳	饮水思源	耳熟能详	八仙过海，	各显神通
口耳相传	热气腾腾	不拘一格	万马齐喑	朝气蓬勃	来日方长
举世闻名	玲珑剔透	诗情画意	天南海北	奇珍异宝	梦寐不忘
祸从天降	尸横遍野	生灵涂炭	绿树成荫	偏安一隅	足智多谋
呕心沥血	臭名远扬	得意忘形	诡计多端	处心积虑	众星拱月
太平盛世	国泰民安	丰衣足食	政通人和	人寿年丰	夜不闭户
路不拾遗	多事之秋	兵荒马乱	流离失所	家破人亡	哀鸿遍野
民不聊生	内忧外患	无影无形	舐犊之情	手脚并用	密密层层
千变万化	得意扬扬	一如既往	呱呱坠地	同舟共济	众志成城
字里行间	居安思危	半丝半缕	月落乌啼	成群结队	应接不暇
面面相觑	大呼小叫	枝繁叶茂	夕阳西下	斜风细雨	学而不厌
诲人不倦	桃园结义	一知半解	分久必合	哭哭啼啼	栩栩如生
索然无味	朦朦胧胧	心动神移	流光溢彩	天长日久	如醉如痴

浮想联翩　囫囵吞枣　不求甚解　悲欢离合　牵肠挂肚　如饥似渴
不言而喻　千篇一律　天高气爽　别出心裁　与众不同　大显身手
心安理得　念念不忘　见义勇为　源头活水

五年级下册

光芒四射　不可胜数　恍然大悟　乐此不疲　相映成趣　百川归海
不期而遇　离乡背井　风光旖旎　无边无垠　碧波万顷　寸草春晖
茂林修竹　颇负盛名　不厌其烦　顶天立地　踉踉跄跄　拖男挈女
喜不自胜　天造地设　伸头缩颈　抓耳挠腮　力倦神疲　大千世界
凌云之志　多愁善感　刀山火海　扣人心弦　动人心魄　豪情壮志
儿女情长　风花雪月　人情冷暖　心领神会　寒来暑往　秋收冬藏
情不自禁　浴血奋战　一针见血　从容镇定　汗如雨下　肃然起敬
舍己为公　久别重逢　手疾眼快　精神抖擞　仰面朝天　天衣无缝
助人为乐　忠于职守　全神贯注　跃跃欲试　遥遥领先　龇牙咧嘴
成千上万　泰然自若　豆蔻年华　纵横交错　花团锦簇　水天相接
极目远眺　各有所长　左膀右臂　养尊处优　随心所欲　绞尽脑汁
默不作声　大气磅礴

六年级上册

高歌一曲　一碧千里　平淡无味　明月清风　芬芳馥郁　硕大无朋
婆娑起舞　心驰神往　顾影自怜　孤芳自赏　形形色色　满腔怒火
热血沸腾　居高临下　粉身碎骨　昂首挺胸　坚强不屈　惊天动地
气壮山河　迎风招展　排山倒海　整整齐齐　震天动地　千钧一发
无微不至　各抒己见　滔滔不绝　时时刻刻　竭尽全力　婉言谢绝
鞠躬尽瘁　死而后已　前功尽弃　没头没脑　呆头呆脑　歪歪斜斜
挖空心思　叱咤风云　技高一筹　弄巧成拙　泰山压顶　作鸟兽散
虎视眈眈　大步流星　怒气冲冲　暴露无遗　一无所获　念念有词
忘乎所以　相视而笑　两手空空　心满意足　轻手轻脚　化为乌有
沧海一粟　龙凤呈祥　亭台楼阁　天寒地冻　能工巧匠　惟妙惟肖

万紫千红　跌跌撞撞　寒风呼啸　心惊肉跳　指手画脚　不假思索
神志不清　天摧地塌　忠厚老实　满满当当　不声不响　理直气壮
小心翼翼　一丝不苟　照章办事　眉飞色舞　一尘不染　和蔼可亲
风雨同舟　三番五次　不紧不慢　世世代代　伯牙绝弦　锦囊玉轴
拊掌大笑　高山流水　波涛汹涌　丰富多彩　约定俗成　不可开交
戛然而止　拿手好戏　粉墨登场　字正腔圆　有板有眼　科班出身
黄钟大吕　轻歌曼舞　行云流水　巧夺天工　画龙点睛　笔走龙蛇
妙笔生花　一望无际　失声痛哭　各色各样　张冠李戴　马马虎虎
匆匆忙忙　饱经风霜　模模糊糊　三更半夜　颜筋柳骨　埋头苦干
为民请命　舍身求法

六年级下册

零七八碎　万象更新　男女老少　截然不同　无暇顾及　悬灯结彩
独出心裁　各形各色　残灯末庙　进进出出　垂涎欲滴　泣涕如雨
盈盈一水　脱缰之马　一无所有　能歌善舞　身无分文　两面三刀
青面獠牙　地广人稀　优哉游哉　万事如意
少壮不努力，老大徒伤悲　惊恐万分　前所未有　荒无人烟
不时之需　心平气和　重见天日　无济于事　乌合之众　一清二楚
头晕目眩　诚心诚意　软弱无力　灯火通明　十全十美　不可思议
独一无二　勇往直前　引人入胜　荒诞不经　司空见惯　一声不吭
一生一世　引车卖浆　骄阳似火　柴米油盐　清风朗月　一视同仁
归心似箭　追悔莫及　接二连三　由远而近　地动山摇　重于泰山
轻于鸿毛　精兵简政　死得其所　目不转睛　三长两短　重重叠叠
奄奄一息　良药苦口　见微知著　锲而不舍　悬崖峭壁　狂风怒号
鄙夷不屑　走马观花　自愧弗如　声泪俱下　不以为然　过犹不及
赴汤蹈火　穷则思变　青出于蓝　依依不舍　娓娓动听　身临其境
恭恭敬敬　依依惜别　心有灵犀一点通　信手拈来　誉满天下
一笔一画　稚气未脱　无怨无悔　回味无穷　杨柳依依　红杏出墙

142